prennent la totalité de son budget qui, sans elles, pou[r]-
rait être borné à la dépense de quelques frégates [à]
l'exemple des États-Unis qui, sans marine militaire [ni]
colonies, ont deux fois plus que nous de vaisseaux m[ar]-
chands et disputent aux Anglais le commerce [du]
monde. L'habileté de la culture ou le bon marché d[e]
fabrication, voilà ce qui soutient et étend le comme[rce]
et non des colonies, à moins qu'elles ne soient a[ussi]
industrieuses que la métropole et qu'elles puissent
fournir un égal échange de produits. Nous allons [exa]-
miner si les nôtres ont cet avantage.

Je trouve d'abord les établissemens de l'Inde, qui
sont portés que pour mémoire et qui ne méritent pa[s en]
effet une mention plus détaillée. La Martinique et la G[ua]-
deloupe viennent après, et loin de rapporter elles c[oû]-
tent, non-seulement leur dotation, mais la prime [que]
l'on est obligé d'accorder à leur produit pour les s[ous]-
traire à la concurrence étrangère. M. le Ministre d[e la]
marine avoue que les armateurs tirent peu de bénéf[ice]
de leurs cargaisons, et les colons encore moins de [leur]
culture. La Guiane, surchargée d'une administrat[ion]
onéreuse, a vu périr les cultivateurs étrangers qu[']
avait voulu y naturaliser, et présente peu d'appare[nce]
de prospérité. Il en est de même du Sénégal, où cha[que]
année on enfoui des sommes considérables sans au[cun]
résultat. Bourbon est de peu d'importance depui[s la]
perte de l'Ile de France, et j'ignore à quoi peuvent [ser]-
vir des travaux de défense pour 500,000 fr., des e[aux]
à la Guiane pour 500,000 fr., et un dépôt de tro[upes]
à Goré pour pareille somme.

Mais, Messieurs, si ce tableau est affligeant par le[s fai]-
bles résultats qu'il présente, il ne l'est pas moins pa[r]

PETIT ABRÉGÉ

DE

GÉOGRAPHIE.

Les cinq exemplaires voulus par la loi ayant été déposés à la Direction de l'Imprimerie, je poursuivrai selon la rigueur des lois tout contrefacteur ou débiteur d'édition contrefaite.

PARIS. — IMPRIMERIE DE CASIMIR,
RUE DE LA VIEILLE-MONNAIE, N° 12.

PETIT ABRÉGÉ

DE

GÉOGRAPHIE,

RENFERMANT

LA PREMIÈRE PARTIE DE L'OUVRAGE INTITULÉ:

PRÉCIS DE GÉOGRAPHIE ANCIENNE ET MODERNE,

MIS AU NOMBRE DES LIVRES CLASSIQUES PAR LE CONSEIL ROYAL
DE L'INSTRUCTION PUBLIQUE;

A L'USAGE DES SEPTIÈMES,
ET DE TOUTES LES MAISONS D'ÉDUCATION;

Par F^x ANSART,

PROFESSEUR AU COLLÉGE ROYAL DE SAINT-LOUIS.

DEUXIÈME ÉDITION.

A PARIS,
A LA LIBRAIRIE CLASSIQUE
DE MAIRE-NYON, QUAI CONTI, N° 13.

1825

CONSEIL ROYAL DE L'INSTRUCTION PUBLIQUE.

Extrait des Procès-verbaux du Conseil Royal de l'Instruction publique.

(Séance du 10 Novembre 1823.)

LE CONSEIL ROYAL ARRÊTE CE QUI SUIT :

Le *Précis de Géographie ancienne et moderne comparées*, par M. Ansart, sera mis au nombre des livres classiques.

Le Grand-Maître,

Signé † DENYS, *Évêque d'Hermopolis.*

Le Conseiller Secrétaire général,

Signé PETITOT.

AVERTISSEMENT.

Ce n'est point un nouvel ouvrage que j'offre aux jeunes étudians de nos colléges; il ne fait que reproduire, avec un petit nombre de modifications, la première partie du *Précis de Géographie ancienne et moderne comparées*, que le Conseil royal de l'Instruction publique a bien voulu honorer de son approbation, en le mettant au nombre des *livres classiques*. Je dois exposer les motifs qui m'ont décidé à présenter, ainsi isolée, cette première partie, et les changemens que j'ai cru devoir lui faire subir pour la rendre plus utile aux jeunes enfans auxquels elle est destinée.

L'étude de la géographie ancienne et moderne, répartie par les statuts universitaires entre les classes de septième et de sixième, avait, par suite de circonstances particulières aux colléges de Paris, été réunie dans la seule classe de sixième. Deux ans d'expérience ont démontré que cette double étude embrassait nécessairement trop de détails pour qu'il fût possible de la renfermer ainsi dans une seule classe, sans nuire aux autres études. La nécessité de s'en tenir à l'exécution littérale des réglemens paraît donc aujourd'hui trop bien reconnue pour que l'on ne se décide pas à rendre aux classes de septième l'étude de la géographie moderne, et à celles de sixième celle de la géographie ancienne comparée.

Il m'a semblé que cette division me traçait la marche que j'avais à suivre pour seconder les vues du Conseil royal, qui avait jugé mon livre propre à l'enseignement de la géographie. J'ai donc cru devoir faire réimprimer séparément les deux parties dont se compose le *Précis de Géographie ancienne et moderne comparées*, en y faisant les changemens et les additions que rendait nécessaires leur nouvelle destination; mais afin de ne point nuire à l'unité si nécessaire au succès de cette double étude, j'ai conservé avec soin tous les points de comparaison et tous les rapprochemens entre ces deux parties, qui ne peuvent rester isolées l'une de l'autre.

Le changement le plus important qu'ait subi la première partie, donnée ici sous le titre de *Petit Abrégé de Géographie*, c'est d'être présentée par demandes et par réponses. L'expérience m'a convaincu que, pour les jeunes enfans, cette forme était infiniment préférable, surtout dans l'étude d'une science composée, comme la géographie, de faits isolés, et dont les diverses parties ne présentent par conséquent point un enchaînement nécessaire entre elles. Je crois que tous ceux qui se sont livrés à l'enseignement seront de mon avis sur ce point. La géographie de la France a aussi subi quelques changemens. J'ai cru devoir préférer la division par *anciennes provinces* et par départemens, à la division par *bassins* et par départemens, que prescrivait le programme des questions adoptées pour le concours des colléges de Paris et de Versailles, et auquel j'avais dû me conformer. Il m'a semblé que la connaissance exacte des provinces de l'ancienne France était indispensable pour l'étude de l'histoire, à laquelle la géographie sert de base, tandis que la division par bassins, forçant à morceler les provinces, et même les départemens, jetait dans l'esprit des enfans une confusion d'autant plus grande qu'aucun des atlas qui se trouvent entre leurs mains ne leur donne les moyens de se former une idée juste de cette division. Les autres changemens ne sont que des additions ou des retranchemens de peu d'importance. J'ai ajouté, à la fin du volume, un tableau des divisions de la France, qui présente à la fois les anciennes provinces, les départemens avec leur population, les chefs-lieux de départemens aussi avec leur population, et même tous les chefs-lieux de sous-préfectures. Ce *Petit Abrégé* renferme d'ailleurs tous les détails nécessaires pour pouvoir être employé dans toutes les maisons d'éducation.

Puisse ce livre contribuer en quelque chose aux succès de la jeunesse si intéressante à laquelle j'ai consacré ma vie! Ce sera la plus précieuse récompense qu'il me soit permis d'espérer de mon travail.

On trouve chez le même Libraire le *Précis de Géographie ancienne*, et le *Précis de Géographie ancienne et moderne comparées*.

PETIT ABRÉGÉ
DE GÉOGRAPHIE.

DÉFINITIONS.

C'est-ce que la Géographie ? — La Géographie est une [scie]nce qui a pour objet la description de la terre.

Quelle est la forme de la terre ? — La terre a à peu près la [for]me d'une sphère ou d'une boule.

La terre est-elle immobile comme elle le paraît ? — Les an[cien]s le croyaient ainsi; mais un astronome moderne, nommé [Cop]ernic, a découvert que le mouvement du soleil et des [aut]res astres autour de la terre n'était qu'apparent, et qu'en [réal]ité c'est la terre qui exécute un double mouvement : l'un [sur] elle-même, dans l'espace d'un peu moins de vingt-quatre [heu]res, ou d'un jour; l'autre autour du soleil, dans l'espace [de 3]65 jours et près de 6 heures, ou d'une année.

Qu'appelle-t-on l'Axe de la terre ? — On appelle l'*Axe* de [la ter]re une ligne imaginaire, autour de laquelle la terre fait [sa ré]volution journalière.

Qu'est-ce que les Pôles de la terre, et par quels noms les [dési]gne-t-on ? — Les pôles de la terre sont les deux points [où l']axe de la terre perce la surface du globe terrestre; on les [dési]gne par les noms de *pôle arctique* et *pôle antarctique*.

Quels sont les quatre Points cardinaux, et où se placent-ils [ordi]nairement sur les cartes géographiques ? — Les quatre [poin]ts cardinaux sont le *Nord*, appelé aussi *Septentrion*, qui [se pl]ace ordinairement au haut de la carte; le *Midi* ou *Sud*, [qui s]e place au bas; l'*Orient*, *Est* ou *Levant*, qui se place à [la dr]oite de la personne qui regarde la carte, et l'*Occident*, [*Oues*]*t* ou *Couchant*, qui se place à sa gauche.

A quoi servent les points cardinaux ? — Les points car[dinau]x servent à indiquer la position des lieux entre eux : [ainsi], pour exprimer que l'Afrique, par exemple, est située [au-d]essous de l'Europe, on dit qu'elle est au *Sud* de l'Europe;

1

pour dire que l'Asie est, sur la carte, à la droite de l'Europe, on dit qu'elle est à l'*Est* de l'Europe.

*Qu'est-ce que l'*Équateur*, et comment l'appelle-t-on encore?* L'*Équateur* est une ligne circulaire qui fait le tour de la terre à égale distance des deux pôles (*), et la coupe en deux parties égales appelées *hémisphères* ou moitiés de sphère. Celle de ces moitiés qui se trouve du côté du pôle arctique prend le nom d'*hémisphère boréal*, et celle qui est du côté du pôle antarctique, celui d'*hémisphère austral*. On appelle encore l'Équateur *Ligne Équinoxiale*, parce que, lorsque le soleil semble décrire cette ligne sur la terre par son mouvement diurne, ce qui arrive vers le 20 mars et le 23 septembre, c'est le moment des *Équinoxes*, c'est-à-dire, le moment où les jours sont égaux aux nuits par toute la terre.

Qu'est-ce que le Méridien, *et pourquoi l'appelle-t-on ainsi?* — Le *Méridien* est une ligne circulaire qui fait le tour de la terre, en passant par les deux pôles, et qui la partage en deux hémisphères : l'un vers l'orient, appelé *hémisphère oriental*, et l'autre vers l'occident, appelé *hémisphère occidental*. On appelle cette ligne *Méridien*, parce que, lorsque le soleil arrive au-dessus dans sa révolution journalière, il est *midi* pour tous les peuples qui se trouvent justement au-dessous, dans la partie du monde éclairée par le soleil. Il est alors minuit pour tous ceux qui se trouvent sous la même ligne, dans la partie non éclairée.

Qu'appelle-t-on Degrés de latitude, *et à quoi servent-ils?* — On appelle *Degrés de latitude* ces lignes que l'on voit sur les cartes tracées dans le même sens que l'équateur. Ils servent à marquer à quelle distance les divers lieux du globe se trouvent de l'équateur.

Combien y a-t-il de sortes de degrés de latitude? — Il y a deux sortes de degrés de latitude, savoir: les degrés de *latitude septentrionale*, qui se comptent depuis 0 jusqu'à 90 au-dessus de l'équateur, et les degrés de *latitude méridionale*, qui se comptent aussi depuis 0 jusqu'à 90 au-dessous de l'équateur.

Qu'appelle-t-on Degrés de longitude, *et à quoi servent-ils?* — On appelle *Degrés de longitude* ces lignes que l'on voit, sur les cartes tracées dans le même sens que le méridien, et passant, comme lui, par les pôles du monde. Ils servent à

(*) Il n'est pas nécessaire, je crois, d'avertir nos jeunes élèves que les lignes dont nous parlons ici ne sont pas réellement tracées sur la terre, mais qu'elles sont seulement supposées, par les astronomes et les géographes, pour expliquer les phénomènes célestes.

marquer à quelle distance les divers lieux du globe se trouvent du méridien convenu (*).

Combien y a-t-il de sortes de degrés de longitude? — Il y a deux sortes de degrés de longitude, savoir : les degrés de *longitude orientale*, qui se comptent depuis 0 jusqu'à 180, à la droite du méridien convenu, et les degrés de *longitude occidentale*, qui se comptent aussi depuis 0 jusqu'à 180, à la gauche de ce même méridien.

Qu'est-ce que les TROPIQUES? — Les *Tropiques* sont deux petits cercles parallèles à l'équateur, comme ceux qui marquent les degrés de latitude; ils sont éloignés de l'équateur de 23 degrés 27 minutes. L'un, situé dans l'hémisphère boréal, s'appelle *Tropique du Cancer*; l'autre, situé dans l'hémisphère austral, se nomme *Tropique du Capricorne*.

Pourquoi ces cercles sont-ils appelés Tropiques? — Ces cercles sont appelés *Tropiques*, d'un mot grec qui signifie *tourner*, parce que le soleil, y étant arrivé, ne les dépasse pas, mais semble s'y arrêter pour retourner ensuite vers l'équateur. Lorsqu'il se trouve au Tropique du Cancer, ce qui arrive vers le 23 juin, c'est alors pour nous le solstice d'été et le plus long jour de l'année; lorsqu'il se trouve au Tropique du Capricorne, vers le 22 décembre, c'est le solstice d'hiver, et nous avons le jour le plus court de l'année.

Qu'est-ce que les CERCLES POLAIRES? — Les *Cercles Polaires* sont deux petits cercles placés, dans chaque hémisphère, à la même distance des pôles que les tropiques le sont de l'équateur. On les distingue par les noms de *Cercle polaire arctique* et *Cercle polaire antarctique*, qu'ils tirent de leur position.

Qu'est-ce qu'un CONTINENT? — Un *Continent* est un espace considérable de terres non interrompues par des mers.

Qu'est-ce qu'une ILE? — Une *Ile* est une portion de terre moins considérable qu'un continent et entourée d'eau de toutes parts.

(*) Nous employons l'expression de *Méridien convenu*, parce que le méridien n'est point, comme l'équateur, une ligne fixe et invariable, mais seulement de convention. En effet, toute ligne qui coupe la terre en deux parties égales, en passant par les pôles, est un méridien; or tous les degrés de longitude, remplissant ces conditions, sont autant de méridiens : il a donc fallu convenir de choisir l'un d'eux pour point de départ. C'est ce qu'ont fait les divers peuples de l'Europe, mais sans s'accorder entre eux pour ce choix. Les Français, après avoir adopté long-temps, pour premier méridien, celui qui passe par l'île de Fer, l'une des Canaries, l'ont abandonné pour se servir de celui qui passe par l'Observatoire royal de Paris. Les Anglais emploient celui de *Greenwich*, près de Londres.

DÉFINITIONS.

Quels noms donne-t-on à une réunion d'îles? — Lorsque plusieurs îles se trouvent placées fort près les unes des autres, elles se désignent sous le nom de *Groupe*, et lorsqu'elles couvrent un espace de mer assez considérable, sous celui d'*Archipel*.

Qu'est-ce qu'une PRESQU'ÎLE *ou* PÉNINSULE? — Une *Presqu'île* ou *Péninsule* est une portion de terre environnée d'eau de tous les côtés, à l'exception d'un seul par lequel elle tient au continent.

Qu'est-ce qu'un ISTHME? — Un *Isthme* est la langue de terre qui joint une presqu'île au Continent.

Qu'appelle-t-on BANCS DE SABLE *ou* BAS-FONDS? — On appelle *Bancs de sable* ou *Bas-fonds*, des endroits où la mer offre peu de profondeur.

Qu'appelle-t-on ÉCUEILS *ou* VIGIES? — On appelle *Écueils* ou *Vigies*, des rochers à fleur d'eau, contre lesquels les vaisseaux courent risque d'échouer : s'ils s'élèvent au-dessus de l'eau, et que la mer se brise dessus avec violence, ils prennent le nom de *Recifs* ou *Brisans*.

Qu'est-ce qu'un CAP *ou* PROMONTOIRE? — Un *Cap* ou *Promontoire* est une pointe de terre élevée qui s'avance dans la mer.

Qu'est-ce qu'une MONTAGNE *ou un* MONT? — Une *Montagne* ou un *Mont* est une masse considérable de terre ou de rochers qui s'élève sur la surface du globe. Lorsqu'il s'en trouve un grand nombre les unes à la suite des autres, elles prennent le nom de *Chaînes*; lorsqu'une montagne est isolée, et qu'elle s'élève en forme de cône, on lui donne le nom de *Pic*: ainsi l'on dit le *Pic de Ténériffe*, dans l'île de ce nom.

Qu'est-ce qu'un VOLCAN? — Un *Volcan* est une montagne qui lance du feu; l'ouverture par laquelle sortent les matières enflammées s'appelle *Cratère*.

Qu'est-ce qu'un DÉFILÉ? — Un *Défilé*, appelé aussi *Pas* ou *Col*, est un passage étroit entre deux montagnes escarpées, ou entre une montagne escarpée et la mer.

Qu'est-ce qu'un DÉSERT, *et quels autres noms lui donne-t-on encore?* — Un *Désert* est une vaste étendue de terres stériles et inhabitées; lorsqu'ils offrent des plaines fort élevées, comme dans le nord de l'Asie, on les appelle *Steppes*; et, lorsqu'ils se composent de plaines basses et humides, comme le long des grands fleuves de l'Amérique, *Savannes*.

Qu'est-ce qu'une CÔTE *ou une* PLAGE? — Une *Côte* ou une *Plage* est la partie de la terre qui est baignée par la mer; lorsque les côtes se composent de rochers élevés, elles prennent le nom de *Falaises*; et, lorsqu'elles ne sont formées que par des collines de sables, celui de *Dunes*.

Qu'appelle-t-on MER *ou* OCÉAN? — On donne le nom de *Mer* ou *Océan* à l'immense étendue d'eau qui couvre les deux tiers du globe.

Qu'est-ce qu'un GOLFE *ou une* BAIE? — Un *Golfe* ou une *Baie* est une étendue d'eau qui s'avance dans les terres. Une baie est ordinairement moins grande qu'un golfe; elle prend le nom d'*Anse* lorsqu'elle est peu considérable.

Qu'est-ce qu'un PORT? — Un *Port* est ordinairement une petite baie que le travail des hommes a rendue propre à offrir un asile sûr aux vaisseaux; un port s'appelle *Havre* quand il a peu d'étendue, et *Crique* lorsqu'il ne peut recevoir que de très-petits bâtimens.

Qu'est-ce qu'une RADE? — Une *Rade* est un endroit le long des côtes, où les vaisseaux peuvent jeter l'ancre et se trouver à l'abri des vents.

Qu'est-ce qu'un DÉTROIT, *et quels autres noms prend-il encore?* — Un *Détroit* est une portion de mer resserrée entre deux terres, et qui fait communiquer ensemble deux mers ou deux parties de mer. Il prend dans certains cas particuliers les noms de *Pas, Passe, Canal, Phare, Pertuis* et *Bosphore*: ainsi l'on dit le *Pas-de-Calais*, le *Canal Saint-Georges*, le *Phare de Messine*, le *Pertuis d'Antioche*, le *Bosphore de Thrace*.

Qu'est-ce qu'un LAC? — Un *Lac* est une grande étendue d'eau, ordinairement douce, qui ne communique avec la mer que par des rivières qui le traversent ou en découlent; quelques-uns n'ont aucune communication apparente avec la mer. Lorsqu'un lac est très-petit, on l'appelle *Étang*.

Qu'est-ce qu'une RIVIÈRE? — Une *Rivière* est une eau qui coule sans cesse, jusqu'à ce qu'elle se réunisse à une autre rivière ou à la mer. Lorsqu'elle est peu considérable, on lui donne le nom de *Ruisseau*; si elle est très-considérable, et qu'elle se rende directement à la mer, on l'appelle *Fleuve*.

Qu'est-ce que la SOURCE *et l'*EMBOUCHURE *d'une rivière?* — La *Source* d'une rivière est l'endroit où elle sort de terre; son *Embouchure* est l'endroit où elle entre dans la mer.

Qu'est-ce que le CONFLUENT *de deux rivières?* — On appelle *Confluent* l'endroit où deux rivières se réunissent.

Qu'entend-on par la RIVE DROITE *et la* RIVE GAUCHE *d'une rivière?* — La *Rive droite* d'une rivière est le bord situé à la droite d'une personne qui, placée au milieu de cette rivière, en suivrait le cours ; la *Rive gauche* est le bord qui se trouverait à sa gauche.

Qu'entend-on par ces expressions le HAUT *et le* BAS *d'une rivière ?* — Quand on se sert de ces expressions le *Haut*, le *Bas* d'une rivière, le *Haut* signifie toujours l'endroit le plus rapproché de sa source, et le *Bas* l'endroit le plus voisin de son embouchure.

Qu'est-ce qu'un CANAL? — Un *Canal* est une sorte de rivière factice qui sert ordinairement à faire communiquer deux rivières entre elles, ou une rivière avec l'Océan, ou même deux mers entre elles. C'est ainsi que le Canal royal du Languedoc fait communiquer la Méditerranée avec la Garonne, et par suite avec l'Océan.

En combien de parties on divise le Monde.

EN *combien de parties divise-t-on le monde ?* — Le Monde est aujourd'hui divisé par les géographes en cinq parties, savoir : l'*Europe*, l'*Asie*, l'*Afrique*, renfermées dans l'*ancien continent*, ainsi appelé, parce qu'il fut le seul connu jusque vers la fin du quinzième siècle ; l'*Amérique*, qui occupe le *nouveau continent*, découvert en 1492 ; enfin l'*Océanie*, qui se compose d'un nombre considérable d'îles répandues dans le grand Océan Pacifique, et dont la principale, nommée *Nouvelle-Hollande*, est assez étendue pour mériter le nom de continent ; elle fut découverte, par les Hollandais, au commencement du dix-septième siècle.

Principales Mers du Globe.

Comment divise-t-on les MERS? — Les mers se divisent naturellement en mers *extérieures*, qui entourent les continens, et mers *intérieures*, situées dans l'intérieur des terres.

Combien y a-t-il de mers EXTÉRIEURES? — Les mers extérieures sont au nombre de cinq, savoir : l'Océan

Atlantique, le *Grand-Océan*, la *mer des Indes*, l'*Océan Glacial Arctique* et l'*Océan Glacial Antarctique*. Le second et le dernier étaient inconnus aux anciens.

I. *Où est situé l'Océan Atlantique, et quels noms prend-il ?* — L'Océan Atlantique est situé entre l'Europe et l'Afrique, à l'E., et l'Amérique, à l'O. On lui donne les noms d'Océan Atlantique *Équinoxial*, entre les tropiques; *Boréal*, entre le tropique du cancer et le cercle polaire arctique; *Austral*, entre le tropique du capricorne et le cercle polaire antarctique.

Quelles mers forme l'Océan Atlantique ? — L'Océan Atlantique forme cinq mers principales, savoir : la mer du Nord, entre la Grande Bretagne, à l'O.; la Norwége et le Danemark, à l'E.; les Pays-Bays et l'Allemagne, au S. On lui donne même sur les côtes de ce dernier pays le nom de mer d'Allemagne.

La mer d'Écosse, au N. de l'Écosse.

La mer d'Irlande, entre l'Irlande, à l'O.; et l'Angleterre, à l'E.

La mer des Esquimaux, entre le Groënland, au N. E., et le Labrador, au S. O. Cette mer forme elle-même celle de *Baffin*, au N. E. de l'Amérique septentrionale, et cette dernière communique avec la *mer Polaire*, dont on a reconnu l'existence, au N. de l'Amérique, et qui est sans doute formée par l'Océan Glacial Arctique.

La mer des Antilles, ou des Caraïbes, à l'E. de l'isthme, qui réunit les deux Amériques.

II. *Où est situé le Grand-Océan, et quels noms prend-il ?* — Le Grand-Océan, appelé aussi *Océan Pacifique*, placé entre l'Amérique, à l'E., et l'Asie, à l'O., s'étend encore au S. de ces deux parties du monde. Cet Océan, le plus grand du globe, était entièrement inconnu aux anciens. Il reçoit, comme l'Atlantique, les noms de Grand-Océan *équinoxial*, *boréal* et *austral*, sous les différentes latitudes.

Quelles mers forme le Grand-Océan ? — Le Grand-Océan forme sept mers principales, savoir : La mer de Behring, au N., entre la presqu'île de Kamtschatka, à l'O., et l'Amérique, à l'E.

La mer d'Ochotsk, entre la Sibérie, à l'O., et la presqu'île de Kamtschatka, au N. E.

La mer du Japon, entre la Mantchourie, à l'O., et les îles du Japon, à l'E.

La mer Jaune, entre la Chine, à l'O., et la Corée, à l'E.

La mer Bleue, au S. de la précédente.

La mer de la Chine, entre cet empire, au N., le royaume d'Anam, à l'O., et les Philippines, à l'E.

La mer Vermeille, entre la vieille Californie, à l'O., et le nouveau Mexique, à l'E.

III. *Où est située* LA MER DES INDES? — La mer des Indes est renfermée entre l'Asie, au N., l'Afrique, à l'O., et les grandes îles de l'Océanie, à l'E.; elle pourrait être regardée comme faisant partie du Grand-Océan austral, qui s'étend au S.

IV. *Où est situé l'*OCÉAN GLACIAL ARCTIQUE, *et quel nom lui donnaient les anciens?* — L'Océan Glacial Arctique, situé au N. de l'Europe, de l'Asie et de l'Amérique, occupe toute la partie septentrionale du globe. Les anciens, qui ne le connaissaient que d'une manière fort vague, lui donnaient le nom de *mer Paresseuse*, parce qu'ils croyaient que ses eaux étaient toujours glacées.

Quelle mer forme l'Océan Glacial Arctique? — L'Océan Glacial Arctique forme la mer Blanche, entre la Laponie, à l'O., et la partie N. E. de la Russie d'Europe, à l'E. et au S.

V. *Où est situé l'*OCÉAN GLACIAL ANTARCTIQUE? — L'Océan Glacial Antarctique, situé au S. du grand Océan Austral, occupe la partie la plus méridionale du globe. Il était entièrement inconnu aux anciens, et ne forme aucune mer particulière.

Combien y a-t-il de mers INTÉRIEURES? — Les principales mers intérieures sont au nombre de quatre, savoir: la *mer Baltique*, la *mer Méditerranée*, la *mer Rouge*, et la *mer Caspienne.* Elles étaient toutes quatre plus ou moins connues des anciens.

I. *Où est située la* MER BALTIQUE? — La mer Baltique (ancien Océan Sarmatique), formée par la mer du Nord, avec laquelle elle communique par le *Skager-Rack*, le *Cattégat*, le *Sund*, le *grand* et le *petit Belt*, est située en Europe, entre la Suède, au N. et à l'O., la Russie, à l'E., et la Prusse, au S.

II. *Où est située la* MER MÉDITERRANÉE? — La mer Méditerranée, qui tire son nom de sa position au milieu des terres, est formée par l'Océan Atlantique, avec lequel elle communique par le détroit de Gibraltar. Elle est située entre l'Europe, au N. et à l'O., l'Afrique, au S. et l'Asie, à l'E. C'était la seule qui fût bien connue des anciens.

En combien de mers principales se divise la mer MÉDITERRANÉE? — La mer Méditerranée se divise en six mers principales ; savoir : la mer *Méditerranée* proprement dite, la mer *Adriatique*, l'*Archipel*, la mer de *Marmara*, la mer *Noire*, et la mer d'*Azof*.

Quels noms prend encore la mer MÉDITERRANÉE, *proprement dite*. — La mer Méditerranée, proprement dite, prend encore les noms de mer de *Sicile* (anciennement mer Inférieure ou de Toscane), entre les îles de Corse et de Sardaigne, à l'O., l'Italie, à l'E., et la Sicile, au S. ; de mer *Ionienne*, entre l'Italie et la Sicile, à l'O., et l'ancienne Grèce, à l'E. ; enfin de mer de *Candie* ou de *Crète*, au N. de l'île de ce nom.

Quels noms lui donnaient encore les anciens ? — Les anciens lui donnaient encore les noms de mer de *Sardaigne*, à l'O. de l'île du même nom ; de mer de *Libye* ou d'*Afrique*, le long de la côte de Barbarie, et de *Grande-Mer*, sur la côte de la Syrie ; nom qui lui avait été donné par les Phéniciens et les Hébreux, par opposition avec le lac *Asphaltite* ou la mer *Morte*, située à l'E. de leur pays.

Où est située la mer ADRIATIQUE ? — La mer Adriatique, communiquant avec la Méditerranée par le canal d'Otrante, est placée entre l'Italie, au N., à l'O., et au S. O., le royaume d'Illyrie et la Turquie d'Europe, à l'E. ; on l'appelle quelquefois aussi le *Golfe de Venise*. Les Romains lui donnaient le nom de *mer Supérieure*, par opposition à la *mer Inférieure*, située à l'O. de leur pays.

*Où est placé l'*ARCHIPEL, *et d'où lui venait son nom ancien ?* — L'Archipel (ancienne mer Égée), situé entre la Turquie d'Europe, au N. et à l'O. ; la mer de Candie, au S., et l'Anatolie, à l'E., tirait son nom ancien d'Égée, roi d'Athènes, qui s'y précipita, croyant que son fils Thésée avait péri dans son expédition contre le Minotaure.

Quels noms particuliers les Grecs lui donnaient-ils encore ? — Les Grecs lui donnaient encore les noms particuliers de mer de *Myrtos*, entre la Grèce et les Cyclades ; de mer *Icarienne*, autour de l'île *Nicaria* ; elle est célèbre dans les poëtes par la chute d'Icare ; enfin, de mer de *Scarpanto*, nom qu'elle conserve encore aujourd'hui, autour de l'île qui le lui donne.

Où est placée la mer de MARMARA ? — La mer de Marmara (ancienne Propontide) est placée entre la Romélie, au N. et à l'O., et l'Anatolie, au S. et à l'E. ; elle communique, au S. O. avec l'Archipel, par le canal des Dardanelles.

Où est placée la mer NOIRE ? — La mer Noire (ancien Pont-Euxin) est placée entre la Turquie d'Europe, à l'O., l'Anatolie, au S., et la Russie d'Europe, à l'O. et au N. Elle communique au S. O. avec la mer de Marmara, par le canal de Constantinople. On n'est pas plus d'accord sur l'origine de son nom ancien que sur celle de son nom moderne. De fréquentes tempêtes en rendent la navigation fort dangereuse.

*Où est située la mer d'*AZOF? — La mer d'Azof ou de Zabache (ancien Palus-Méotide) est entourée de toutes parts par les provinces méridionales de la Russie d'Europe. Elle prend sur les côtes de la Crimée (ancienne Chersonèse Taurique), au S. O., le nom de mer *Putride*; elle communique au S. avec la mer Noire, par le détroit d'Enikale ou de Caffa.

Où est située la mer ROUGE? — La mer Rouge, formée par la mer des Indes, avec laquelle elle communique, au S. E., par le détroit de Bab-el-Mandeb et le golfe d'Aden, est renfermée entre l'Égypte, la Nubie et l'Abyssinie, à l'O. et au S. O., et l'Arabie, à l'E. et au N.

Où est placée la mer CASPIENNE? — La mer Caspienne, qui n'a aucune communication apparente avec les autres mers du globe, est placée entre la Russie, au N. et à l'O., la Perse, au S., et la Tartarie, à l'E. Les anciens l'ont prise long-temps pour un golfe de l'Océan hyperborée, et la croyaient beaucoup plus étendue de l'O à l'E., que du N. au S. La partie S. E. qui baignait la côte du pays nommé autrefois *Hyrcanie*, prenait quelquefois le nom de mer *d'Hyrcanie*.

EUROPE.

Quelles *sont les bornes de l'Europe?* — L'Europe, l'une des trois parties du monde situées dans l'ancien continent, est bornée au N. par l'Océan Glacial Arctique; à l'O. par l'Océan Atlantique; au S. par la mer Méditerranée; au S. E. par l'Archipel, le détroit des Dardanelles, la mer de Marmara, le détroit de Constantinople, la mer Noire et le Caucase; à l'E. par la mer Caspienne, le fleuve Oural, les monts Ourals, les monts Poyas, et le fleuve Kara.

Quelle est l'étendue de l'Europe, et combien a-t-elle d'habitans? — L'Europe est la plus petite des cinq parties du monde; sa longueur, du S. O. au N. E., n'excède pas 1,100 lieues, et sa largeur 900; mais elle est, proportionnellement à son étendue, la plus peuplée de toutes. Elle renferme environ 207 millions d'habitans.

En combien de parties principales divise-t-on l'Europe? — L'Europe se divise aujourd'hui en quatorze parties principales, dont quatre au nord, six au milieu, et quatre au sud.

Les quatre au nord sont : 1° les *Iles Britanniques*; 2° le *Danemark*; 3° la *Suède* avec la *Norwége*; 4° la *Russie d'Europe*.

Les six au milieu sont : 1° la *France*; 2° la *Confédération Suisse*; 3° les *Pays-Bas*; 4° les *États de la Confédération Germanique*; 5° la *Prusse*; 6° l'*Autriche*.

Les quatre au sud sont : 1° l'*Espagne*; 2° le *Portugal*; 3° l'*Italie*; 4° la *Turquie d'Europe*.

Quels sont les principaux Golfes *de l'Europe?* — Les principaux Golfes de l'Europe sont :

En Écosse, ceux de *Murray* et d'*Édimbourg*, à l'E.; de *Clyde* et de *Solway*, à l'O.

En Angleterre, le *Wash*, à l'E.; et le golfe ou canal de *Bristol*, au S. O., à l'embouchure de la Saverne.

Dans les Pays-Bas, le *Zuyderzée*, ancien lac *Flevo*, réuni à la mer, en 1225, par une inondation qui couvrit trente lieues de pays.

Dans la Prusse, le golfe de *Dantzick*, au N. E.

Entre la Suède et la Finlande, celui de *Bothnie*.

En Russie, ceux de *Finlande* et de *Riga* ou de *Livonie*, à l'O.

En France, ceux de *Gascogne* (ancien Océan Aquitanique), au S. O.; et de *Lyon* (ancien golfe de Gaule), au S. O.

Dans les États du roi de Sardaigne, celui de *Gênes* (ancienne mer de Ligurie), au S. E.

Dans le royaume Lombard-Vénitien, celui de *Venise* (ancienne mer Adriatique), au S. E.

Dans l'Illyrie, celui de *Trieste*, au N. O.

Dans le royaume de Naples, celui de *Tarente*, au S. E.

Dans la Turquie, ceux de *Patras* et de *Lépante* (autrefois de Corinthe), et d'*Orfano* (autrefois Strymonique), au S.

Quels sont les principaux Détroits *de l'Europe?* — Les principaux détroits de l'Europe sont :

Le *Canal du Nord* et le *Canal Saint-Georges* (ancienne mer d'Hybernie), entre l'Irlande et la Grande-Bretagne; ils sont réunis entre eux par la mer d'Irlande (ancienne mer Verginienne.)

La *Manche* (ancien Océan Britannique) et le *Pas-de-Calais* (détroit de Gaule), entre les Iles Britanniques et la France.

Le *Skager-Rack*, entre la Norwége et le Jutland; le *Cattégat*, entre le Jutland et la Suède; le *Sund*, entre la Suède et l'île de Séeland; le *Grand-Belt*, entre les îles de Fionie et de Séelaud, et le *Petit-Belt*, entre l'île de Fionie et le Jutland.

Le détroit de *Gibraltar* (anciennement de Gadès), entre l'Espagne et l'empire de Maroc. Les anciens l'appelaient aussi détroit d'*Hercule*, parce qu'ils croyaient qu'il avait été creusé par ce héros, pour faire communiquer la Méditerranée avec l'Océan.

Celui de *Bonifacio*, entre les îles de Corse et de Sardaigne.

Le *Phare de Messine* (ancien détroit de Sicile), entre la Sicile et la Calabre.

Le canal d'*Otrante*, entre la province de ce nom et l'Albanie.

Ceux de *Talanta* et de *Négrepont* (ancien Euripe), entre l'île de ce nom et la Livadie; de *Gallipoli* ou des *Dardanelles* (ancien Hellespont), qui joint l'Archipel à la mer de Marmara; il tirait son nom ancien d'Hellé, fille d'Athamas, roi de Thèbes, qui s'y noya. Vis-à-vis Abydos, ce détroit n'a pas plus d'un quart de lieue de largeur; ce fut en cet endroit que Xerxès construisit un pont pour faire passer son armée en Europe.

Le canal de *Constantinople* (ancien Bosphore de Thrace), qui joint la mer de Marmara à la mer Noire.

Le détroit d'*Enikale* ou de *Caffa* (ancien Bosphore Cimmérien), qui joint la mer Noire à celle d'Azof ou de Zabache.

Quels sont les principaux LACS *de l'Europe?* — Les principaux lacs de l'Europe sont:

En Suède, les lacs *Wéner*, *Wéter* et *Méler*.

En Russie, les lacs *Onéga*, *Ladoga* et *Peypus*.

Dans le grand-duché de Bade, celui de *Constance*.

En Hongrie, le lac *Balaton*.

En Suisse, ceux de *Neufchâtel*, de *Genève*, appelé aussi lac *Léman*, de *Zurich* et de *Lucerne*.

Dans le royaume Lombard-Vénitien, les lacs *Majeur*, de *Como*, d'*Iseo* et de *Garde*, ce dernier, le plus grand de l'Italie, est sujet à des tempêtes qui sont souvent fatales aux barques qui le traversent.

Dans les États de l'Église, le lac de *Pérouse* (ancien lac de Trasimène), à quelque distance de la ville dont il porte le nom; fameux par la seconde victoire d'Annibal sur les Romains, en Italie; celui de *Bolsena*, près de la ville de ce nom.

Quelles sont les PRESQU'ILES *principales de l'Europe?* — On compte en Europe six presqu'îles; trois grandes et trois petites.

Les grandes sont:

La *Suède*, avec la *Norwège* et la *Laponie*, qui forment, au N. de l'Europe, une vaste presqu'île renfermée entre la mer Blanche, au N. E., l'Océan Glacial Arctique, au N., l'Océan Atlantique Septentrional et la mer du Nord, à l'O., le Skager-Rack, le Cattégat, le Sund, la mer Baltique, au S., cette même mer et le golfe de Bothnie, à l'E.

L'*Espagne*, que l'on appelle même souvent la *Péninsule*, au S. O. de l'Europe, entre l'Océan Atlantique, à l'O. et au S. O., le détroit de Gibraltar, au S., et la Méditerranée, au S. E. et à l'E.

L'*Italie*, entre le canal de Corse et la mer de Sicile, à l'O., la mer Ionienne, au S., et le canal d'Otrante avec la mer Adriatique, à l'E.

Les petites presqu'îles sont :

Le *Jutland* (ancienne Chersonèse Cimbrique), entre la mer du Nord, à l'O., le Skager-Rack, au N. et le Cattégat, à l'E.

L'*ancienne Grèce* entre la mer Ionienne, à l'O., celle de Candie, au S., et l'Archipel, à l'E. Cette presqu'île se divise en deux autres, dont la plus méridionale, la *Morée*, est jointe à l'autre par l'isthme de Corinthe, nommé aussi *Hexamili*, parce qu'il n'a que 6 milles de largeur.

La *Crimée* (ancienne Chersonèse Taurique), au sud de la Russie à laquelle elle est jointe par l'isthme de Pérécop. Elle est entourée par la mer Noire, à l'O. et au S., le détroit de Caffa et la mer d'Azof, à l'E. et au N. E.

Quels sont les principaux CAPS *de l'Europe ?* — Les principaux sont les caps :

Clear, au S. de l'Irlande.

Lands' End et *Lizard*, au S. O. de l'Angleterre.

Nord, dans l'île Margeroë ou Magroë, au N. de la Laponie ci-devant Danoise.

Naze ou *Lindes*, au S. de la Norwége.

Skagen, au N. du Jutland.

De la Hogue et *Breton*, à l'O. de la France.

Ortégal et *Finistère*, à l'O. de l'Espagne, et *Trafalgar*, au S. du même pays; ce dernier est célèbre par un combat naval entre les Français et les Anglais.

Saint-Vincent, au S. O. du Portugal, dans l'Algarve.

Quelles sont les principales CHAÎNES DE MONTAGNES *de l'Europe ?* — Les principales chaînes sont :

Les *Dophrines* ou *Alpes Scandinaves* (probablement le mont Sevo), qui s'étendent du Skager-Rack à la mer Glaciale, entre la Norwége, à l'O., et la Suède avec la Laponie, à l'E.

Les monts *Ourals* et *Poyas* (probablement les anciens monts Riphées), qui s'étendent entre les Russies d'Europe et d'Asie jusqu'à la mer Glaciale.

Les *Pyrénées*, qui s'étendent de l'Océan à la Méditerranée, entre la France, au N., et l'Espagne, au S.

Les *Alpes*, qui bornent l'Italie, au N., et la séparent de la France, de la Suisse et de l'Allemagne.

L'*Apennin*, qui traverse l'Italie, du N. au S., dans toute sa longueur.

EUROPE.   15

Les monts *Krapaks* (anciens monts Herciniens), qui environnent la Bohême.

Les monts *Castagnats* (ancien mont Hémus), qui partagent la Turquie en septentrionale et méridionale.

Combien y a-t-il de VOLCANS *en Europe?* — Ils sont au nombre de trois, savoir :

Le mont *Hécla*, au centre de l'Islande.
Le *Vésuve*, en Italie, près de Naples.
Le mont *Gibel* ou *Etna*, dans la Sicile.

Quels sont les principaux FLEUVES *de l'Europe septentrionale?* — Les principaux sont :

En Angleterre :

La *Tamise*, qui coule à l'E. et se jette dans le Pas-de-Calais; l'*Humber*, qui coule au N. E. et se jette dans la mer du Nord; la *Saverne*, qui coule vers le S. O., et se jette dans le canal Saint-Georges.

En Irlande :

Le *Shannon*, qui coule vers le S. O., et se jette dans l'Océan Atlantique.

Entre la Suède et la Russie :

La *Tornéa*, qui prend sa source à l'extrémité de la chaîne des Dophrines, et coulant au S., se jette dans le golfe de Bothnie.

Dans la Russie,

La *Dwina*, qui coule au N., et se jette dans la mer Blanche, près d'Archangel; la *Néva*, qui passe à Saint-Pétersbourg, et joint le lac Ladoga au golfe de Finlande; la *Duna*, qui coule à l'O., et se jette dans le golfe de Riga; le *Niémen*, qui coule aussi à l'O., et se jette dans la Baltique; le *Dniester*, qui coule vers le S. E., et se jette dans la mer Noire; le *Dniéper* (ancien Borysthène), qui coule au S., et se jette dans la mer Noire, à Bialagorod, après avoir reçu le *Bog*; le *Don* (ancien Tanaïs), qui coule aussi vers le S., et va, grossi de plus de cinq cents petites rivières, se jeter dans la mer d'Azof; le *Volga*, le plus considérable des fleuves de l'Europe, qui prend sa source dans le lac de Woronow, sur les frontières de la Lithuanie, et va, après un cours de plus de 640 lieues, se jeter, au S., dans la mer Caspienne, au-dessous d'Astracan.

Quels sont les principaux FLEUVES *de l'Europe centrale?* — Les principaux sont :

Dans la France :

La *Seine*, qui prend sa source en Bourgogne, et va se jeter, au N. O., dans la Manche. La *Loire*, qui prend sa source dans le Vivarais, coule d'abord au N., et ensuite à l'O., et va se jeter dans l'Océan Atlantique. La *Garonne*, qui prend sa source dans les Pyrénées, et va se jeter au N. O., dans le golfe de Gascogne. Le *Rhône*, qui prend sa source dans la Suisse, traverse le lac de Genève, et coule vers l'O. jusqu'à Lyon, où, après avoir reçu la Saône, il tourne subitement vers le S., et va se jeter dans le golfe de Lyon.

Entre la France et l'Allemagne.

Le *Rhin*, qui prend sa source dans la Suisse, au mont Saint-Gothard, traverse le lac de Constance, et, coulant vers le N., jusque dans les Pays-Bas, où il tourne vers l'O., se divise en quatre branches, le *Vahal*, le *Leck*, l'*Yssel*, et le *Rhin*, et se perd dans la mer du Nord.

Dans l'Allemagne :

Le *Wéser*, qui prend sa source dans la Franconie, coule vers le N., en traversant la Hesse, le Hanovre et le grand-duché d'Oldenbourg, et se jette dans la mer d'Allemagne. L'*Elbe*, qui a sa source dans la Bohême, traverse la Saxe, la Prusse, sépare le Hanovre du Holstein, et va se jeter dans la mer d'Allemagne. L'*Oder*, qui prend sa source aux monts Krapaks, traverse toute la Prusse, et se jette dans la mer Baltique. Le *Danube*, le plus grand fleuve de l'Europe, après le Volga ; il prend sa source au pied des montagnes de la Forêt-Noire, dans le grand duché de Bade ; traverse, de l'O. à l'E., le Wurtemberg, la Bavière, l'Autriche, la Hongrie, au milieu de laquelle il tourne subitement vers le S.; puis, reprenant son cours vers l'E., il traverse une partie de la Turquie d'Europe, et se jette, par une double embouchure, dans la mer Noire.

Dans la Pologne :

La *Vistule*, qui prend sa source près de celle de l'Oder, traverse le nouveau royaume de Pologne et la Prusse occidentale, et se jette dans le golfe de Dantzick.

Quels sont les principaux FLEUVES *de l'Europe méridionale ?* — Les principaux sont :

Dans l'Espagne :

Le *Minho*, qui coule au S. O., et se jette dans l'Océan Atlantique. Le *Douro*, qui, coulant à l'O., traverse une partie de l'Espagne et la partie septentrionale du Portugal, et se jette aussi dans l'Océan Atlantique. Le *Tage*, qui coule au S. O., traverse une partie de l'Espagne et du Portugal, et se jette aussi dans l'Océan Atlantique, au-dessous de Lisbonne. La *Guadiana*, qui coule vers le S., traverse une partie de l'Espagne et la partie S. du Portugal, et se jette dans le golfe de Cadix. Le *Guadalquivir*, qui, coulant vers le S. O., arrose la partie méridionale de l'Espagne, et se jette aussi dans le golfe de Cadix. L'*Ebre*, qui coule du N. O. au S. E., et se jette dans la Méditerranée.

Dans l'Italie :

Le *Pô*, qui prend sa source au mont Viso, dans le Piémont, traverse ce royaume de l'O. à l'E., sépare le royaume Lombard-Vénitien des duchés de Parme et de Modène et des États du Pape, et se jette dans le golfe de Venise. L'*Adige*, qui sort des Alpes, au N., et, coulant d'abord au S., et ensuite à l'E., traverse le royaume Lombard-Vénitien, et se jette dans le golfe de Venise. L'*Arno*, qui prend sa source dans l'Apennin, traverse, de l'E. à l'O., le grand duché de Toscane, et se jette dans la Méditerranée. Le *Tibre*, qui sort aussi de l'Apennin, à l'E. de la Toscane, et, traversant, du N. au S., les États de l'Église, va se jeter, à l'O., dans la Méditerranée.

Dans la Turquie d'Europe :

Le *Vardari*, qui traverse une partie de la Turquie, du N. O. au S. E., et va se jeter dans le golfe de Salonique. Le *Marissa* (ancien Hèbre), qui traverse aussi une partie de la Turquie d'Europe, du N. au S., et se jette, grossi d'un assez grand nombre de rivières, dans l'Archipel.

ILES BRITANNIQUES.

Quelle est la position des ILES BRITANNIQUES, *et comment les divise-t-on ?* — Les Iles Britanniques, situées au N. O. de l'Europe, et séparées de la France par la Manche et le Pas-de-Calais, se composent de deux grandes îles et d'un assez grand nombre de petites. Les deux grandes, séparées l'une de l'autre par le canal du Nord, la mer d'Irlande et le canal Saint-Georges, sont : la *Grande-Bretagne*, à l'E., et l'*Irlande*, à l'O. La première, que les anciens appelaient Albion, à cause de la blancheur de ses côtes, renferme les deux royaumes d'*Angleterre*, au S., et d'*Ecosse*, au N.; l'Irlande forme le troisième royaume. Les petites îles sont répandues autour des deux grandes, et dans le canal qui les sépare.

Quels sont la population, la religion et le gou-

vernement des Iles Britanniques? — Les Iles Britanniques renferment environ 21 millions d'habitans, dont la plus grande partie suit la religion appelée anglicane, l'une des sectes de la religion protestante. Le gouvernement est monarchique et représentatif.

ANGLETERRE PROPREMENT DITE.

Comment se divise le royaume d'Angleterre? — Le royaume d'Angleterre, séparé, au N., de l'Écosse, par la *Tweed*, qui se rend, à l'E., dans la mer du Nord, et par le golfe de Solway, à l'O., se divise en *Angleterre propre*, subdivisée en quarante comtés, à l'E., et *Principauté de Galles*, subdivisée en douze comtés, à l'O.

Quelles sont les principales villes de l'Angleterre? — Les principales villes de l'Angleterre sont : LONDRES (Londinium), capitale des Iles Britanniques, une des villes les plus grandes, les plus peuplées, les plus riches et les plus fameuses du monde, traversée par la Tamise, que les plus gros vaisseaux remontent jusque dans son port. 865 mille habitans. YORCK (Eboracum), vers le N., sur l'Ouse, qui se jette dans l'Humber; archevêché, ville très-ancienne et regardée comme la seconde de l'Angleterre. BRISTOL, port, au S. O., près du golfe du même nom, dans lequel se jette la Saverne; la troisième ville de l'Angleterre. LIVERPOOL, port très-commerçant sur la mer d'Irlande. Population, 163 mille habitans. MANCHESTER et BIRMINGHAM, villes très-manufacturières, qui égalent la précédente en population. OXFORD et CAMBRIDGE, fameuses universités. CANTORBÉRY (Durovernum), au S. E. de Londres, capitale du comté de Kent, archevêché, primat du royaume. DOUVRES (Dubris), port sur le Pas-de-Calais, le plus fréquenté par les passagers qui se rendent d'Angleterre en France. PORTSMOUTH et PLIMOUTH, ports sur la Manche, fameux pour la marine de guerre.

ÉCOSSE.

Quelles sont les limites, la division et la population de l'Écosse ? — L'Écosse (ancienne Calédonie), située au N. de l'Angleterre, se divise en trente-trois comtés, et renferme plus de deux millions d'habitans. Ceux de la partie montagneuse ont conservé les mœurs et les goûts de leurs ancêtres, ainsi que leur langage, appelé la langue *Erse*, dans laquelle Ossian a composé ses poëmes. Les Romains leur donnaient le nom de *Pictes*, à cause de l'usage qu'ils avaient de se peindre le corps.

Quelles sont les principales villes de l'Écosse ? — Les principales villes de l'Écosse sont : ÉDIMBOURG (Alata Castra), au S. E., près du golfe de Forth ou d'Edimbourg, formé par la mer du Nord; université. 103 mille habitans. GLASCOW, à l'O., sur la *Clyde*, qui se jette, au S. O., dans le golfe du même nom, formé par le canal du Nord; célèbre par son université et par ses belles imprimeries. 147 mille âmes.

IRLANDE.

Quelles sont la position, la population et les divisions principales de l'Irlande ? — L'Irlande, renfermée dans l'île du même nom (ancienne Hibernie), a 6 millions 800 mille habitans, et possède un grand nombre de curiosités naturelles. Elle se divise en quatre provinces; savoir : l'*Ulster* ou *Ultonie*, au N., le *Connaught* ou *Connacie*, à l'O., le *Leinster* ou *Lagénie*, à l'E. et le *Munster* ou *Momonie*, au S. Ces provinces se subdivisent en trente-deux comtés.

Quelles sont les villes principales de l'Irlande ? — Les principales villes de l'Irlande sont : DUBLIN (Eblana), capitale, à l'E., sur le canal Saint-Georges, résidence du vice-roi; archevêché, université, la seconde ville des Iles Britanniques par sa population, qui est de 227 mille âmes. ARMAGH, au N. E.; elle a un archevêque qui prend le titre de primat. GALLOWAY, au S. O., port sur la baie du même nom. WATERFORD, au S. E. sur le hâvre du même nom. LIMERICK, dans une île formée par le Shannon. CORK, au S. O., la seconde ville de l'Irlande, renfermant, dit-on, 70 mille âmes.

Quelles sont les petites îles qui font partie des Îles Britanniques? — Les principales sont:

1° Dans la Manche, près des côtes de France, celles d'AURIGNY (Riduna), en face du cap de la Hogue; GUERNESEY (Sarnia), au S. O. de la précédente: capitale, *Saint-Pierre*; enfin celle de JERSEY (Cæsarea), au S. E. de la précédente: capitale, *Saint-Hélier*.

2° Dans la Manche, sur la côte d'Angleterre, l'île de WIGHT (Vectis), qui en est séparée par un canal peu considérable: capitale, *Newport*. L'infortuné roi Charles Ier y fut détenu dans le château de *Carisbrook*.

3° Les SORLINGUES, ou SCILLY (Cassiterides), groupe de 45 petites îles, situé vis-à-vis le cap Lizard, à la pointe S. O. de l'Angleterre;

4° Dans la mer d'Irlande; l'île d'ANGLESEY (Mona), au S. E., séparée par le détroit de *Menay*, de la principauté de Galles, dont elle forme un des comtés: capitale, *Beaumaris*; et l'île de MAN (Monobia), au N. de la précédente. Elle a jadis formé un royaume: capitale, *Douglas*.

5° Les WESTERNES ou HÉBRIDES (Ebudes), à l'O. de l'Ecosse et au N. de l'Irlande; elles sont fort nombreuses, et plusieurs ont assez d'étendue. Les plus remarquables sont: *Lewis, Skye, Mull, Slay* et *Staffa*.

6° Les ORCADES ou ORKNEY (Orcades), groupe de 60 îles, situé à la pointe N. E. de l'Ecosse, dont elles sont séparées par le détroit de *Pentland*: la plus grande, nommée *Pomona*, a pour capitale *Kirkwall*.

7° Les SHETLAND, groupe de 46 îles, situé au N. E.

de l'Écosse. La principale est *Mainland* (probablement l'ancienne *Thule*): capitale, *Larwick*. Plusieurs sont inhabitées.

DANEMARK.

Quels sont les bornes, la population, la religion et le gouvernement du DANEMARK? — Le Danemark (ancienne Chersonèse Cimbrique et îles Scandiæ) est borné au N. par le Cattégat et le Skager-Rack ; à l'O. par la mer du Nord ; au S. par l'Elbe, qui le sépare de l'Allemagne, et à l'E. par la mer Baltique, le Sund et le Cattégat. Sa population est de 2 millions et demi d'habitans, dont la plus grande partie suit la religion réformée. Son gouvernement, qui avait été électif et aristocratique jusqu'en 1660, est devenu depuis héréditaire et monarchique.

De quoi se composent les Etats de Danemark? — Les Etats de Danemark se composent de plusieurs îles situées dans la mer Baltique; de la presqu'île de *Jutland*, des duchés de *Holstein* et de *Lawembourg*; de *l'Islande*, avec les îles *Feroër*.

Quelles sont les principales îles situées dans la mer Baltique? — Les deux principales sont : l'île de SÉELAND, séparée, à l'E., de la Suède par le Sund, et qui renferme COPENHAGUE, capitale de tout le royaume, peuplée de 100 mille habitans ; brûlée par les Anglais en 1807, et l'île de FIONIE, à l'O. de Séeland, dont elle est séparée par le Grand-Belt; cap., *Odensée*. Les autres îles, telles que *Langeland, Fémeren, Laland, Falster, Bornholm*, sont moins considérables.

Comment se divise le JUTLAND? — La presqu'île de JUTLAND, situé à l'O. de l'île de Fionie, dont elle est séparée par le Petit-Belt, se divise en NORD-JUTLAND : cap., *Wibourg*, sur le lac Water, et SUD-JUTLAND, ou duché de *Sleswick* : cap., *Sleswick*, sur le golfe de *Slie*, formé par la Baltique ; ville très-florissante.

Quelles sont les deux provinces du Danemark qui appartiennent à la Confédération Germanique? — Ces deux provinces sont : 1° le *duché de* HOLSTEIN, situé au S. du Jutland; villes principales : KIEL, capitale, près de la Baltique; et *Altona*, ville très-commerçante, sur la rive droite de l'Elbe. Ce pays produit d'excellens chevaux. 2° Le *duché de* LAWEMBOURG, au S. E. du précédent, et dont la capitale porte le même nom.

*Qu'est-ce que l'*ISLANDE? — L'Islande, ou *Terres de glaces*, située au N. O. de l'Europe, et coupée, au N., par le cercle polaire, est une grande île volcanique, de 120 lieues de long sur 75 de large et couverte de montagnes, dont la plus célèbre est le mont *Hécla*, volcan haut de 3,120 pieds. Elle a près de 50 mille habitans, qui vivent, pour la plupart, dans des fermes isolées, aussi *Reykiavik*, la ville principale de l'île, n'en renferme-t-elle que 500 environ.

Au S. E. de l'Islande se trouve le groupe des îles FEROER, au nombre de 24, renfermant environ 5 mille habitans.

Le Danemark possède en outre, en Asie, en Afrique et en Amérique, plusieurs établissemens, dont nous parlerons dans leur lieu.

SUÈDE.

Quels sont les bornes, la population, la religion et le gouvernement de la SUÈDE? — Le royaume de Suède (ancienne Scandinavie), l'un des plus septentrionaux de l'Europe, est compris dans une vaste presqu'île, bornée au N. par l'Océan Glacial Arctique, à l'O. par l'Océan Atlantique et la mer du Nord, au S. par le Skager-Rack et la Baltique, et à l'E. par la Baltique, le golfe de Bothnie et la Russie. Sa population est de près de 4 millions d'habitans, qui suivent la religion réformée. Son gouvernement est monarchique; mais l'autorité du roi y est tempérée par celle du sénat et des états généraux.

De combien de royaumes se composent les États du roi de Suède? — Les États du roi de Suède se composent de deux royaumes, qui ont leurs constitutions distinctes et leurs assemblées indépendantes; savoir : le royaume de *Suède*, à l'E. et celui de *Norwége*, à l'O., réunis sous le même souverain, en 1814.

Comment se divise la Suède? — La Suède se divise en quatre grandes provinces, qui se subdivisent en plusieurs cantons. Ces provinces sont : la *Gothie*, au S., la *Suède propre*, au milieu; la *Bothnie*, autour du golfe de ce nom; et la *Laponie*, au N.

Quelles sont les principales villes de la Suède? — Les principales villes de la Suède sont : STOCKHOLM, sur le lac Meler, grande ville avec un port très-vaste, capitale du royaume. Pop. 75 mille habitans. UPSAL, au N. O. de Stockholm, célèbre université et le lieu ordinaire du couronnement des rois. Pop. 45 mille habitans. Entre cette ville et la précédente se trouve celle de *Sigtuna*, qui était très-considérable du temps d'Odin, législateur des Scandinaves, dont elle paraît avoir été la résidence. GOTHEMBOURG, à l'O. de la Gothie, port de mer, l'une des villes les plus commerçantes de la Suède. TORNÉA, à l'embouchure de la rivière du même nom : il y fait si froid que la rivière y gèle à 18 pieds d'épaisseur.

Comment la NORWÉGE *est-elle séparée de la Suède, quelle est sa population, et comment se divise-t-elle?* — La Norwége, séparée de la Suède par la longue chaîne des Dophrines, renferme 900 mille habitans, et se divise en quatre gouvernemens, qui, à l'exception d'un seul, portent le nom de leurs capitales.

Quelles sont les principales villes de la Norwége? — Les principales villes de la Norwége sont : CHRISTIANIA, au S. sur la baie d'Anslo, capitale de toutla Norwége et de la province d'*Aggerhus*, qui tire son nom de la forteresse du même nom, qui en est l'ancienne capitale. Drontheim, Berghen et Christiansand, ports sur les côtes occidentale et méridionale. Les deux premières ont servi de résidence aux anciens rois de Norwége.

Quelles sont les îles qui dépendent de la Suède ? — Les principales sont :

1° Dans la Baltique; OEland, cap. *Borcklom ;* Gothland, cap. *Wisby*.

2° Dans la mer du Nord, le long des côtes de la Norwége, les groupes des îles Tromsen, au N., et Loffoden, au S. O. des précédentes, et près desquelles se trouve le tourbillon de *Maël-Stroom*, qui attire quelquefois les vaissseaux à la distance de 6 lieues, et les engloutit.

Dans les régions lointaines, la Suède possède l'île *Saint-Barthélemi*, l'une des Antilles qui lui fut cédée par la France, en 1784.

RUSSIE D'EUROPE.

Quelles sont les bornes et l'étendue de la Russie d'Europe? — La Russie d'Europe (ancienne Sarmatie, Tauride et Colchide), appelée autrefois *Moscovie*, a pour bornes, au N. la mer Glaciale ; à l'O. la Suède, le golfe de Bothnie, la mer Baltique, la Prusse, le nouveau royaume de Pologne et les États de l'empereur d'Autriche ; au S. la Turquie d'Europe, la mer Noire, le Caucase et la mer Caspienne ; et à l'E. le fleuve Oural, les monts Ourals, les monts Poyas et le fleuve Kara, qui la séparent de la Russie d'Asie. Elle a 658 lieues de long sur 360 de large, et comprend une étendue dix fois plus considérable que celle de la France ; mais une grande partie est couverte de vastes forêts.

Quels sont la population, la religion et le gouvernement de la Russie ?—Malgré son immense étendue, la Russie d'Europe ne contient pas plus de 47 millions d'habitans, dont 36 millions environ professent la religion grecque, et 6 millions la religion catholique; le reste se compose de luthériens, juifs, mahométans, etc. Ses souverains portent le titre d'empereur ou de *Czar*. Le gouvernement y est presque absolu, et la couronne est héréditaire, même pour les femmes. Depuis Pierre-le-Grand, la civilisation, favorisée par les souverains de ce vaste empire, s'y est introduite rapidement, et une portion des habitans, qui étaient tous *serfs*, a reçu le bienfait de la liberté.

Comment la Russie se divise-t-elle? — La Russie se compose de deux parties distinctes : la *Russie proprement dite*, et la *partie de la Pologne* qui a été incorporée à cet empire après les partages de 1773, 1793 et 1795. La première se divise en 40 gouvernemens, dont 12 au N., 12 au milieu, et 16 au S. La seconde en renferme 8.

Quelles sont les principales villes des provinces septentrionales de la Russie d'Europe? — Les principales sont : SAINT-PÉTERSBOURG, à l'embouchure de la Néva, dans le golfe de Finlande, capitale de l'empire, fondée par Pierre-le-Grand en 1703. Population, 300 mille habitans. CRONSTADT, un des principaux ports de la Russie, construit par Pierre-le-Grand, au fond du golfe de Finlande. ABO, entre les golfes de Bothnie et de Finlande, vis-à-vis l'archipel qui porte son nom, capitale de la Finlande, ancienne province suédoise, dont une partie fut cédée à la Russie en 1721, et le reste conquis par cette puissance en 1808. RIGA, sur le golfe du même nom, la ville la plus commerçante de la Russie après Pétersbourg; capitale de la Livonie, conquise sur les Suédois, par Pierre-le-Grand, après la bataille de Pultawa. ARCHANGEL, port sur la mer Blanche, à l'embouchure de la Dwina; entrepôt du commerce de la Russie septentrionale.

Quelles sont les principales villes des provinces centrales et méridionales de la Russie d'Europe ? — Les principales sont : MOSKOW, ancienne capitale de la Russie, brûlée par les Russes, en 1812, au moment de l'entrée des troupes françaises, et aujourd'hui presque entièrement rebâtie. Population, 166 mille habitans. WALDIMIR, au N. E. de Moskow, ancienne résidence des grands ducs de Russie. CASAN, au S. E. de la précédente, capitale d'un ancien royaume tartare, conquis par les Russes en 1552. KIOF, au S., sur le Dniéper, une des villes les plus considérables de la Russie, résidence des premiers souverains de ce pays. ODESSA, au S. de Kiof, port sur la mer Noire, un des plus commerçans de l'Europe. CAFFA, près de la mer Noire, chef-lieu du gouvernement de Tauride, qui renferme la presqu'île de Crimée, jointe au continent par l'isthme de *Pérécop*, sur lequel se trouve la ville de ce nom. ASTRACAN, au N. E. de Caffa, dans une île du Volga, l'une des villes les plus considérables de la Russie, et fort importante par le grand commerce qu'elle fait avec la Perse et tout l'Orient. TÉFLIS, sur le Kur, au S. O. d'Astracan, chef-lieu du gouvernement de Géorgie, qui comprend la *Mingrélie*, l'*Imirette*, et d'autres petites provinces qui sont successivement tombées sous l'empire de la Russie depuis 1801; il est situé entre la mer Noire et la mer Caspienne. DERBENT, sur la mer Caspienne, au N. E. de Téflis, l'une des principales villes du *Daghestan*, ancienne province de la Perse, qui l'a cédée à la Russie en 1813, et qui est habitée par les Tartares Kumucks, qui vivent à peu près indépendans.

Quelles sont les principales villes des gouvernemens de Russie, formés de la partie de la Pologne qui a été réunie à cet empire ? — Les principales sont : WILNA, ville riche et commerçante, ancienne capitale du grand-duché de Lithuanie. GRODNO, au S. O. de Wilna, et où se tenaient autrefois les diètes polonaises. Momlow, sur le Dniéper, au S. E. de Wilna, ville forte et très-marchande, célèbre par une victoire remportée sur les Russes, par les Suédois; en 1707. A environ vingt lieues à l'O. de cette ville coule la *Bérésina*, fameuse par les désastres que les Français éprouvèrent sur ses bords, en 1812, dans la malheureuse retraite de Moskow.

Quelles sont les îles qui dépendent de la Russie d'Europe? — Les îles qui dépendent de la Russie d'Europe sont:

1. Dans la mer Baltique:

Les îles d'ALAND, groupe situé vis-à-vis Abo, sur la côte S. O. de la Finlande, et compris dans son gouvernement: ces îles furent cédées, par la Suède à la Russie, en 1809. Population, 12 mille habitans. DAGO et OESEL, à l'entrée du golfe de Riga.

2. Dans la mer Glaciale:

Les îles de KALGOUEF et la NOUVELLE-ZEMBLE. Cette dernière est grande et inhabitée; mais les Russes et les Samoïèdes s'y rendent quelquefois pour la pêche. Au S. E. de cette île se trouve celle de WAIGATZ, séparée du continent par le détroit auquel elle donne son nom.

NOUVEAU ROYAUME DE POLOGNE.

Quels sont les bornes, la population, le gouvernement, les divisions et la capitale du nouveau royaume de POLOGNE? — Le nouveau royaume de Pologne (partie de l'ancienne Sarmatie), qui ne comprend qu'une partie de l'ancienne monarchie du même nom, démembrée en 1773, 1793 et 1795 par la Russie, l'Autriche et la Prusse, est borné au N. par la Russie et la Prusse, à l'O. par la Prusse, au S. par la Gallicie, et à l'E. par la Russie; ce royaume a 120 lieues du N. au S., et 90 de l'E. à l'O., et une population de 3 millions 704 mille habitans: il appartient à l'empereur de Russie, qui le fait gouverner par un vice-roi. Il se divise en 8 provinces appelées *Vaivodies*, et a pour capitale VARSOVIE, sur la Vistule, résidence du vice-roi. Population, 120 mille habitans.

FRANCE.

Quelles sont les bornes et la population de la France? — La France, le pays le plus occidental de l'Europe centrale, est bornée au N. par le grand-duché du Bas-Rhin, le royaume des Pays-Bas et le Pas-de-Calais; au N. O. par la Manche; à l'O. par l'Océan Atlantique; au S. par les Pyrénées, qui la séparent de l'Espagne, et par la Méditerranée; à l'E. par les Alpes, qui la séparent des états du roi de Sardaigne et de la Suisse, et par le Rhin, qui la sépare de l'Allemagne. Sa population est de plus de 30 millions d'habitans.

Quels sont la religion et le gouvernement de la France? — La religion catholique est celle de l'État et de l'immense majorité des Français; les provinces de l'E. renferment un assez grand nombre de protestans. Le gouvernement est du nombre de ceux que l'on nomme *monarchie représentative*. Le roi y gouverne conformément aux lois, qui sont faites par le concours des trois pouvoirs, savoir : Le *roi, la chambre des pairs*, composée de membres dont le roi peut rendre dignité héréditaire, et *la chambre des députés*, dont les membres, au nombre de 430, sont élus pour sept ans par les départemens.

Quelles sont les productions de la France ? — La France, une des contrées les plus riches de l'Europe par la fertilité de son territoire, produit en abondance toutes les choses nécessaires à la vie, telles que vin, blé, huile, etc. On y trouve des mines de fer, de plomb, de cuivre et charbon. L'industrie de ses habitans leur a fourni les moyens d'égaler, et même de surpasser les produits des manufactures des pays étrangers. Les draps, les tapis, les porcelaines, les soieries y ont surtout atteint une grande supériorité.

Quelles sont les principales chaînes de montagnes de la France ? — La France, outre les grandes chaînes des Pyrénées et des Alpes, qui la bornent, comme nous l'avons dit, au S. et à l'E., renferme encore dans l'intérieur trois autres chaînes moins considérables, savoir : les CÉVENNES (Cebenna) au S., dont une des montagnes, nommée la *Lozère*, donne son nom à un département : elles donnent naissance aux montagnes du Velay, et à celles d'Auvergne, dont les principales, nommées le *Cantal* et le *Puy-de-Dôme*, donnent aussi leurs noms à deux départemens. Les deux autres chaînes sont, celle du JURA, qui sépare, à l'E., la France de la Suisse; et celle des VOSGES (Vogesus), qui semble en être le prolongement. Elles donnent aussi leur nom à deux départemens.

Quelles sont les principales rivières de la France ? — Nous avons déjà nommé les cinq grands fleuves de la France; chacun d'eux reçoit plusieurs rivières importantes, savoir : le RHIN reçoit, sur sa rive gauche, la *Moselle*, augmentée de la *Meurthe* et de la *Meuse*; la SEINE reçoit, sur sa rive droite, l'*Aube*, la *Marne* et l'*Oise*, grossie de l'*Aisne*, et, sur sa rive gauche, l'*Yonne* et l'*Eure*; la LOIRE reçoit, sur sa rive droite, la *Nièvre*, la *Mayenne*, grossie de la *Sarthe*, augmentée du *Loir*, et, sur sa rive gauche, l'*Allier*, le *Loiret*, le *Cher*, l'*Indre*, la *Vienne*, grossie de la *Creuse*, et la *Sèvre*; la GARONNE reçoit, sur sa rive droite, l'*Arriège*, le *Tarn*, grossi de l'*Aveyron*, le *Lot* et la *Dordogne*, grossie de la *Corrèze*, et, sur sa rive gauche, le *Gers*; le RHÔNE reçoit, sur sa rive droite, l'*Ain*, la *Saône*, grossie du *Doubs*, l'*Ardèche* et le *Gard*, et, sur sa rive gauche, l'*Isère*, la *Drôme*, la *Sorgue*, formée par la fontaine de Vaucluse, et la *Durance*. On peut encore ajouter à ces rivières, l'*Es-*

caut, qui va, grossi de la *Scarpe*, se jeter dans la mer du Nord; la *Somme*, l'*Orne* et la *Vire*, qui se rendent dans la Manche; la *Villaine*, la *Sèvre-Niortaise*, grossie de la *Vendée* et la *Charente*, qui se jettent dans l'Océan Atlantique; l'*Adour*, qui se rend dans le golfe de Gascogne: l'*Aude* et l'*Hérault*, qui se jettent dans le golfe de Lyon, et enfin le *Var*, qui sépare à l'E. la France du comté de Nice, et coule au S. dans la Méditerranée. Presque toutes ces rivières donnent leurs noms aux départemens qu'elles arrosent.

Quels sont les principaux CANAUX *de la France?* — Les principaux canaux de la France sont: le canal *royal de Languedoc*, ou *du Midi*, qui réunit la Méditerranée à la Garonne, et par suite à l'Océan Atlantique; le canal *du centre*, qui unit la Saône à la Loire; le canal *de Briare*, qui joint la Loire à la Seine, par le moyen de la petite rivière du *Loing*; le canal *de l'Ourcq*, qui amène actuellement à Paris les eaux de la petite rivière du même nom, et qui, lorsqu'il sera terminé, doit réunir la Seine à l'Escaut, par le moyen du canal de *Saint-Quentin*, qui joint la Somme à cette dernière rivière.

Comment se divisait autrefois la France, et comment se divise-t-elle aujourd'hui? — Avant l'année 1790 la France était divisée en 40 gouvernemens, dont 32 grands et 8 petits; ces derniers étaient enclavés dans les grands, à l'exception du huitième, formé par l'île de Corse, située dans la Méditerranée. Aujourd'hui la France est divisée en 86 départemens, qui ont pris leurs noms des rivières qui les traversent, des fontaines, montagnes ou rochers qui s'y trouvent, et des mers qui en baignent les côtes. (*Voyez-en le tableau à la fin du volume.*)

Quels étaient les 32 grands gouvernemens anciens, et comment se divisaient-ils? — Les 32 grands gouvernemens anciens se divisaient de la manière suivante:

FRANCE. 31

8 au nord, savoir : la *Flandre française*, l'*Artois*, la *Picardie*, la *Normandie*, l'*Ile-de-France*, la *Champagne*, la *Lorraine* et l'*Alsace*; 17 au milieu, savoir; la *Bretagne*, le *Maine*, l'*Anjou*, la *Touraine*, l'*Orléanais*, le *Berri*, le *Nivernais*, le *Bourbonnais*, la *Bourgogne*, la *Franche-Comté*, le *Poitou*, l'*Aunis*, la *Saintonge*, la *Marche*, le *Limosin*, l'*Auvergne* et le *Lyonnais*; 7 au sud, qui sont : la *Guyenne*, le *Béarn*, le *comté de Foix*, le *Roussillon*, le *Languedoc*, le *Dauphiné* et la *Provence*.

PROVINCES DU NORD.

Quel est le département qui correspond à l'ancienne FLANDRE FRANÇAISE, *et quelles en sont les villes remarquables ?* — La Flandre française, conquise sur les Autrichiens, par Louis XIV, en 1667, a formé :

Le département du Nord. — LILLE, chef-lieu, ancienne capitale de la Flandre française, l'une des plus fortes places du royaume, défendue, en 1792, par le courage de ses habitans contre les Autrichiens, qui la bombardèrent pendant huit jours. *Douai*, cour royale. *Dunkerque*, port sur la mer du Nord, patrie du fameux marin Jean-Bart. *Cambrai* (Cameracum), qui a eu Fénélon pour évêque. *Mont-Cassel*, situé sur une montagne d'où l'on aperçoit trente-deux villes, et célèbre par trois grandes batailles. *Valenciennes*, assiégée et prise par Louis XIV en personne, en 1667. Le village de *Bouvines*, célèbre par la victoire qu'y remporta Philippe-Auguste en 1214; celui de *Malplaquet*, où le prince Eugène et Marlborough gagnèrent, en 1709, la bataille qui força Louis XIV à demander la paix; et *Denain*, où Villars sauva la France en 1712.

*Quel est le département qui correspond à l'ancienne province d'*ARTOIS, *et quelles en sont les villes remarquables ?* — L'Artois, l'une des dix-sept provinces des Pays-Bas, réuni à la France, sous Louis XIII, en

1640, a formé, en y joignant le *Pays reconquis*, et le *Boulonnais*, qui faisaient partie de la Picardie :

Le département du PAS-DE-CALAIS, ainsi nommé du détroit qui sépare la France de l'Angleterre. — ARRAS (Atrebates), chef-lieu, ancienne capitale de l'Artois, évêché, ville forte ; Turenne y força dans ses lignes Condé, qui cherchait à s'en emparer à la tête des troupes espagnoles. *Calais*, port sur le détroit auquel elle donne son nom, vis-à-vis Douvres en Angleterre ; fameuse par le dévouement d'Eustache de Saint-Pierre. *Boulogne*, autre port sur le même détroit. *Saint-Omer*, place forte, au S. de laquelle se trouve le village d'*Azincourt*, où les Français perdirent une fameuse bataille contre les Anglais, en 1415, sous le règne de Charles VI. *Lens*, célèbre par la victoire que le duc d'Enghien remporta dans ses plaines, sur les Autrichiens, en 1648.

Quel est le département qui correspond à l'ancienne province de PICARDIE, *et quelles en sont les villes remarquables ?* — La Picardie, province qui n'a jamais été aliénée de la couronne de France, forme aujourd'hui :

Le département de la SOMME. — AMIENS (Ambianum), sur la Somme, chef-lieu, évêché, cour royale, siège de la monarchie française sous Clodion, et remarquable par le traité de paix de 1802, entre la France et l'Angleterre ; patrie de Voiture, de Gresset et de la belle Gabrielle d'Estrées. *Péronne*, ville très-forte, au milieu de marais formés par la Somme. *Abbeville*, sur la même rivière. *Crécy*, fameuse par la funeste bataille qu'y perdit, en 1346, Philippe de Valois contre Edouard III, roi d'Angleterre, et qui coûta aux Français plus de 60 mille hommes.

Quels sont les départemens qui correspondent à l'ancienne province de NORMANDIE, *et quelles en sont les villes principales ?* — La Normandie, ainsi appelée des Normands, peuples du nord de l'Europe, auxquels Charles-le-Simple fut contraint de la céder, et qui fut réunie à la couronne, en 1204, sous le règne de Philippe-Auguste, a formé cinq départemens, savoir:

Celui de la Seine-Inférieure, au nord. — Rouen (Rothomagus), sur la Seine, chef-lieu, archevêché, cour royale, ville ancienne, et l'une des plus importantes de la France par son commerce et par sa population, patrie de Fleury, des deux Corneille et de Fontenelle. *Dieppe* et le *Hâvre*, ports sur la Manche; le dernier à l'embouchure de la Seine. *Yvetot*, dont les seigneurs paraissent avoir porté le titre de rois vers l'an 534. *Elbœuf*, célèbre par ses draps.

Celui de l'Eure, au S. du précédent. — Évreux (Eburovices), chef-lieu, évêché. *Louviers*, renommée pour ses draps. Le bourg d'*Ivry* dans les plaines duquel Henri IV vainquit le duc de Mayenne, en 1590.

Celui du Calvados, à l'O. du précédent; il tire son nom d'une chaîne de rochers qui borde toute la côte. — Caen, sur l'Orne, chef-lieu, cour royale, patrie de Malherbe. *Lisieux* (Lexovium). *Bayeux* (Bajocasses), évêché. *Falaise*, célèbre par la naissance de Guillaume-le-Conquérant, et par la foire de *Guibray*, qui se tient dans un de ses faubourgs.

Celui de l'Orne, au S. du précédent. — Alençon, sur la Sarthe, chef-lieu, remarquable par ses dentelles et par ses pierres appelées *diamans d'Alençon*. *Séez* (Sagium), évêché.

Enfin celui de la *Manche*, à l'O., ainsi nommé de la mer qui en baigne les côtes. — Saint-Lô, chef-lieu. *Cherbourg*, sur la Manche, beau port pour la marine de guerre. *Coutances* (Constantia), évêché.

*Quels sont les départemens qui correspondent à l'ancienne province de l'*Ile-de-France*, et quelles en sont les villes remarquables?* — L'Ile-de-France, ainsi nommée de sa position entre plusieurs rivières, qui en formaient, pour ainsi dire, une île, correspond aussi à cinq départemens, savoir :

Celui de l'Aisne, au N. E., dont une partie appartient à l'ancienne Picardie. — Laon, chef-lieu, sur une montagne. *Saint-Quentin* (Augusta Veromanduorum), sur la Somme, à l'endroit où elle reçoit le canal du même nom. *Soissons* (Suessiones), évêché, ville très-ancienne, où Clovis fixa le siége de son empire, après y avoir vaincu Siagrius en 486. Au N. se trouve la superbe manufacture de glaces de *Saint-Gobin*, dans la forêt de Coucy. *Château-Thierry*, patrie du bon La Fontaine. *La Ferté-Milon*, patrie de Racine.

Celui de l'Oise, au S. O. du précédent. — Beauvais, chef-lieu, évêché, patrie de l'illustre Jeanne Hachette, qui se couvrit de gloire, en la défendant contre Charles-le-Téméraire, qui l'assiégeait, à la tête de 80 mille hommes, en 1472. *Compiègne*, sur l'Oise, avec un château royal et une belle forêt.

Celui de Seine-et-Oise, au S. du précédent. — Versailles, chef-lieu, évêché, remarquable par le magnifique château bâti par Louis XIV, et qui fut, jusqu'à la révolution, la résidence des rois. *Saint-Germain*, *Rambouillet* et *Saint-Cloud*, célèbres par leurs châteaux royaux ; le premier a vu naître Louis XIV.

Celui de la Seine, enclavé dans le précédent. — PARIS (Lutetia et ensuite Parisii), sur la Seine, chef-lieu, capitale de la France, siége du gouvernement, des deux chambres et de la cour de cassation, archevêché, cour royale ; l'une des plus belles et des plus considérables villes du monde. *Saint-Denis*, célèbre par son antique abbaye, qui renferme une maison d'éducation pour les filles des membres de la Légion-d'Honneur, et dans l'église de laquelle sont les tombeaux des rois de France.

Celui de Seine-et-Marne, à l'E. des précédens. — Melun (Melodunum), sur la Seine, chef-lieu, patrie d'Amyot, traducteur de Plutarque. *Meaux* (Meldæ), sur la Marne; elle a eu Bossuet pour évêque. *Fontainebleau*, célèbre par son magnifique château, et par sa forêt. *Montereau-Faut-Yonne*, au confluent de l'Yonne et de la Seine : il s'y trouve un pont sur lequel Jean, duc de Bourgogne, fut assassiné, en 1419, par ceux qui accompagnaient le dauphin, depuis Charles VII.

Quels sont les départemens qui correspondent à l'ancienne province de Champagne, *et quelles en sont les villes remarquables ?* — L'ancienne province de Champagne, qui fut réunie à la couronne, en 1284, par le mariage de Jeanne, reine de Navarre, avec Philippe-le-Bel, a formé quatre départemens; savoir :

Celui des Ardennes, au N., ainsi nommé d'une vaste forêt qui couvrait autrefois toute cette partie de la France. — Mézières, sur la Meuse, chef-lieu. *Sédan*, chef-lieu d'une principauté cédée à la France par Frédéric Maurice, duc de Bouillon, en 1642, renommée par ses draps, et patrie de Turenne. *Rocroy*, où le grand Condé, alors duc d'Enghien, remporta, le 9 mai 1643, une fameuse victoire sur les Espagnols.

Celui de la Marne, au S. O. du précédent. — Chalons-sur-Marne (Catalaunum), chef-lieu. *Reims* (Remi), sur la Vesle, archevêché, ville très-ancienne, où se fait le sacre des rois de France.

Celui de l'Aube, au S. du précédent. — Troyes, (Tricasses), sur la Seine, chef-lieu, évêché, ancienne capitale de la Champagne.

Celui de la Haute-Marne, à l'E. du précédent. — Chaumont-en-Bassigny, sur la Marne, chef-lieu. *Langres* (Lingones), sur le plateau le plus élevé de la France, évêché : elle possède de belles antiquités.

Quels sont les départemens qui correspondent à l'ancienne province de Lorraine, *et quelles en sont les villes remarquables ?* — L'ancienne province de

Lorraine, dont la partie nommée les *Trois Évêchés* appartient à la France depuis 1552, et dont le reste lui est échu sous Louis XV, après la mort de Stanislas, roi de Pologne, a formé quatre départemens, savoir :

Celui de la Meuse, à l'O. — Bar-le-Duc, sur l'Ornain, chef-lieu. *Verdun*, anciennement l'un des *Trois Évêchés*. *Commercy*, place forte. *Varennes*, où l'infortuné roi Louis XVI fut indignement arrêté, le 21 juin 1792.

Celui de la Moselle, au N. — Metz, sur la Moselle, chef-lieu, place forte, cour royale, ancienne capitale de la Lorraine, l'un des *Trois Évêchés* anciens. *Thionville*, où Pépin d'Héristal tenait sa cour. *Sarguemines*, place forte.

Celui de la Meurthe, au S. du précédent. — Nancy, sur la Meurthe, chef-lieu, cour royale, évêché. *Toul*, sur la Moselle, anciennement l'un des *Trois Évêchés*. *Château-Salins*, qui tire son nom de ses salines. *Lunéville*, où Stanislas fit sa résidence, lorsqu'il se fut retiré en France.

Celui des Vosges, au S. du précédent. — Épinal, sur la Moselle, chef-lieu. *Plombières*, renommée par ses bains chauds. *Domremi*, village où naquit Jeanne d'Arc.

*Quels sont les départemens qui correspondent à l'ancienne province d'*Alsace*, et quelles en sont les villes principales ?* — L'ancienne province d'Alsace, cédée à la France par la paix de Westphalie, en 1648, a formé deux départemens, savoir :

Celui du Bas-Rhin, au N. — Strasbourg, ville très-forte, sur l'Ill, à peu de distance de son embouchure dans le Rhin, chef-lieu, évêché, ancienne capitale de l'Alsace, conquise par Louis XIV, en 1681.

Celui du Haut-Rhin, au S. du précédent. — Colmar, sur l'Ill, cour royale. *Béfort*, place forte. *Mulhausen*, fameuse par ses fabriques de toiles peintes, et autrefois le chef-lieu d'une petite république alliée de la Suisse.

PROVINCES DU CENTRE.

Quels sont les départemens qui correspondent à l'ancienne province de Bretagne, *et quelles en sont les villes remarquables ?* — L'ancienne province de Bretagne, qui fut réunie à la couronne de France par le mariage d'Anne, fille du dernier duc de ce pays, avec le roi Charles VIII, a formé cinq départemens, savoir :

Celui du Finistère, ainsi nommé de sa position à l'extrémité la plus occidentale de la France. — Quimper, chef-lieu, évêché. *Brest*, sur l'Océan, l'un des meilleurs et des plus beaux ports de l'Europe, et l'un des principaux arsenaux de la marine française.

Les îles d'Ouessant (Uxantis), situées sur la côte de ce département, en font partie; elles sont célèbres par un combat naval que s'y livrèrent les Français et les Anglais en 1778.

Celui des Côtes-du-Nord, à l'E. du précédent et au S. de la Manche. — Saint-Brieux, près de la mer, qui y forme un bon hâvre, chef-lieu, évêché.

Celui du Morbihan, au S. du précédent; il doit son nom à une espèce de golfe formé par l'Océan sur sa côte méridionale, et appelé, dans le langage du pays, *Morbihan*, c'est-à-dire, *petite-mer*. — Vannes (Veneti), près du Morbihan, chef-lieu, évêché. *Lorient*, à l'embouchure du Blavet, port dont les Anglais cherchèrent en vain à s'emparer en 1746. Au S. O. de Vannes se trouve la presqu'île de *Quiberon*, où périt, en 1795, l'élite de la marine française.

Vis-à-vis cette presqu'île se trouve Belle-Ile (Vindilis), qui a six lieues de long sur deux de large, et 3,000 habitans.

Celui d'Ille-et-Villaine, à l'E. des précédens. — Rennes, sur la Villaine, chef-lieu, cour royale, évêché. *Saint-Malo*, port sur la Manche, dont les habitans sont très-bons marins. Sur la côte se trouve le rocher de *Cancale*, où l'on pêche d'excellentes huîtres.

Celui de la Loire-Inférieure, au S. du précédent. — Nantes (Namnetes), sur la Loire, chef-lieu, évêché, ancienne capitale de la Bretagne et l'une des villes les plus considérables de France; fameuse par l'édit qu'y donna Henri IV, en faveur des calvinistes, en 1598, et qui fut révoqué par Louis XIV en 1685. *Paimbœuf*, où se déchargent les gros vaisseaux qui ne peuvent remonter la Loire jusqu'à Nantes.

Quels sont les départemens qui correspondent à l'ancienne province du Maine, *et quelles en sont les villes remarquables?* — L'ancienne province du Maine, réunie à la couronne sous Louis XI, et fameuse par les volailles qu'on y nourrit, a formé deux départemens, savoir:

Celui de la Mayenne, à l'O. — Laval, sur la Mayenne, chef-lieu; renommée par ses fabriques de toiles.

Celui de la Sarthe, à l'E. du précédent. — Le Mans (Cenomani), sur la Sarthe, chef-lieu, évêché, ancienne capitale de la province. *La Flèche*, qui possède un magnifique collége fondé par Henri IV en 1603, et dans l'église duquel étaient déposés le cœur de ce bon prince et celui de Marie de Médicis, son épouse.

*Quel est le département qui correspond à l'ancienne province d'*Anjou, *et quelles en sont les villes remarquables?* — L'ancienne province d'Anjou, réunie à la couronne sous le règne de Louis XI, a formé:

Le département de Maine-et-Loire, au S. des précédens. — Angers (Andegavi), au-dessous du confluent du Loir et de la Sarthe avec la Mayenne, chef-lieu, ancienne capitale de l'Anjou, cour royale, évêché.

Saumur, sur la rive gauche de la Loire, avec un pont sur cette rivière.

Quel est le département qui correspond à l'ancienne province de TOURAINE, *et quelles en sont les villes remarquables ?* — L'ancienne province de Touraine, réunie à la couronne sous Philippe-Auguste, si agréable et si fertile qu'elle a mérité le surnom de *jardin de la France*, a formé :

Le département d'INDRE-ET-LOIRE, à l'E. du précédent. — TOURS (Turones), chef-lieu, dans une belle plaine entre la Loire et le Cher, archevêché : on y voyait, avant la révolution, l'église de Saint-Martin fameuse dans les premiers temps de la monarchie. A un quart de lieue de cette ville se trouve le château du *Plessis-lès-Tours*, où Louis XI passa les dernières années de sa vie. *Chinon*, où Charles VII tint sa cour, pendant l'occupation de la presque totalité de son royaume par les Anglais. *Loches*, patrie d'Agnès Sorel, et voisine du bourg de *Lahaye*, où naquit Descartes.

*Quels sont les départemens qui correspondent à l'ancienne province de l'*ORLÉANAIS, *et quelles en sont les villes principales ?* — L'ancienne province de l'Orléanais, une des plus belles et des plus fertiles de la France, a formé les trois départemens suivans, savoir :

Celui d'EURE-ET-LOIR, au N. O. ; il renferme l'ancienne *Beauce*, célèbre par sa fertilité. — CHARTRES (Carnutes), sur l'Eure, chef-lieu ; elle a une cathédrale dont on admire les clochers. Henri IV y fut sacré en 1591. *Dreux* (Durocasses), remarquable par la bataille de 1562, où le prince de Condé fut fait prisonnier.

Celui du LOIRET, au S. E. du précédent. — ORLÉANS (Aurelianum), sur la Loire, chef-lieu, ancienne capitale de la province, cour royale, évêché ; fameuse par deux siéges qu'elle soutint, le premier contre

Attila, en 450, et le second, en 1428, contre les Anglais, que le courage de Jeanne d'Arc força à se retirer. *Montargis*, sur le *Loing*, petite rivière qui se jette dans la Seine, qu'elle fait communiquer avec la Loire à l'aide du canal de *Briare*, qui commence à la ville de ce nom, dans le même département.

Celui de Loir-et-Cher, au S. du précédent. — Blois, sur la Loire, que l'on y passe sur un beau pont, chef-lieu, évêché; ce fut dans le château de cette ville que le duc et le cardinal de Guise furent tués, aux états qu'y avait convoqués Henri III en 1588; patrie du bon roi Louis XII. *Vendôme*, célèbre par les princes qui en ont porté le nom. *Chambord*, magnifique château gothique, bâti par François Ier, habité ensuite par Bayard, et que la France vient d'offrir au duc de Bordeaux.

Quels sont les départemens qui correspondent à l'ancienne province du Berri, *et quelles en sont les villes remarquables?* — L'ancienne province du Berri, dont le nom est ordinairement porté par l'un des fils de France, a formé deux départemens, savoir:

Celui du Cher, au S. de celui du Loiret. — Bourges (Bituriges), chef-lieu, situé à peu près au centre de la France, archevêché, cour royale, patrie de Louis XI. *Sancerre*, fameuse par le siége qu'elle soutint, en 1573, contre le roi Charles IX, et pendant lequel la famine força les habitans à manger les animaux les plus immondes.

Celui de l'Indre, au S. O. du précédent. — Chateauroux, sur l'Indre, chef-lieu; les forges des environs produisent le meilleur fer de France. *Issoudun*, patrie du prédicateur Bourdaloue. *Lachâtre*, sur l'Indre.

Quel est le département qui correspond à l'ancienne province du Nivernais, *et quelles en sont les villes remarquables?* — L'ancienne province du Nivernais a formé:

Le département de la NIÈVRE, à l'E. de celui du Cher. — NEVERS (Nevirnum), sur la Loire, chef-lieu, ancienne capitale de la province. *Cosne*, sur la même rivière, fonderie de canons et fabrique de coutellerie.

Quel est le département qui correspond à l'ancienne province du BOURBONNAIS, et quelles en sont les villes remarquables ? — L'ancienne province du Bourbonnais, dont l'héritière épousa Robert de Clermont, fils de saint Louis, et l'un des ancêtres de Henri IV, forme aujourd'hui :

Le département de l'ALLIER, au S. du précédent. — MOULINS, sur l'Allier, chef-lieu; renommée pour sa coutellerie. A quelque distance de cette ville se trouve *Bourbon-l'Archambault* (Aquæ Bormonis), qui a donné son nom à l'auguste famille de nos rois, dont les ancêtres, les sires de Bourbon, résidaient dans la petite ville de *Souvigny*, à deux lieues de Moulins. *Vichy* (Aquæ Calidæ), et *Néris* (Aquæ Neræ), fameuses par leurs eaux minérales, sont aussi dans ce département.

Quels sont les départemens qui correspondent à l'ancienne province de BOURGOGNE, et quelles en sont les villes remarquables ? — L'ancienne province de Bourgogne, long-temps gouvernée par des ducs très-puissans, et réunie à la couronne après la mort de Charles-le-Téméraire, tué au siège de Nancy en 1477, a formé quatre départemens, savoir :

Celui de l'YONNE, formé d'une partie de la Champagne et du N. O. de la Bourgogne. — AUXERRE (Autissiodurum), sur l'Yonne, chef-lieu. *Sens*, archevêché; on voit dans sa cathédrale les tombeaux du dauphin, fils de Louis XV, et de son épouse. *Joigni, Tonnerre, Avallon*, fameuses par leurs vins. Le village de *Fontenay*, à huit lieues au S. d'Auxerre, est malheureusement célèbre par la bataille qui s'y donna, en 841, entre Charles-le-Chauve et ses frères, et qui coûta la vie à près de 100 mille Français.

Celui de la CÔTE-D'OR, qui tire son nom d'une chaîne de collines qui produisent d'excellens vins, au S. E. du précédent — DIJON (Divio), sur le canal de Bourgogne, chef-lieu, ancienne résidence des ducs, cour royale, évêché, patrie de plusieurs grands hommes et entre autres du fameux Bossuet. *Montbard*, patrie de Buffon. *Beaune*, célèbre par ses vins.

Celui de SAÔNE-ET-LOIRE, au S. du précédent. — MACON, sur la Saône, chef-lieu; renommé par ses vins. *Autun* (Augustodunum), évêché, ville très-ancienne. *Châlons-sur-Saône* (Cabillonum).

Celui de l'AIN, au S. E. du précédent. — BOURG, chef-lieu, ancienne capitale de la *Bresse*, cédée par le duc de Savoie à Henri IV, en 1601, en même temps que le *Bugey*, qui avait pour capitale *Belley*. *Trévoux*, sur la rive gauche de la Saône.

Quels sont les départemens qui correspondent à l'ancienne province de FRANCHE-COMTÉ, *et quelles en sont les villes remarquables?* — L'ancienne province de Franche-Comté, deux fois conquise par Louis XIV, en 1668 et 1694, et restée à la France par la paix de Nimègue, a formé trois départemens, savoir :

Celui de la HAUTE-SAÔNE, au N. — VESOUL, au pied d'une montagne, chef-lieu. *Gray*, sur la Saône. *Luxeuil*, célèbre par ses eaux minérales.

Celui du JURA, au S. O. du précédent. — LONS-LE-SAULNIER, chef-lieu. *Dôle*, sur le Doubs, capitale de la Franche-Comté, avant que Besançon n'eût été cédé à la France. *Salins*, qui tire son nom de ses salines; elle fut presque entièrement détruite, par un incendie, en 1825.

Celui du DOUBS, au N. E. du précédent. — BESANÇON (Vesontio), sur le Doubs, chef-lieu, ancienne capitale de la province, archevêché, cour royale, ville très-forte, prise par Louis XIV en personne, en 1674. *Montbéliard*, autrefois la capitale d'une petite principauté appartenant à la maison de Wurtemberg.

Quels sont les départemens qui correspondent à

l'ancienne province du Poitou, *et quelles en sont les villes remarquables ?* — L'ancienne province du Poitou, conquise sur les Anglais par Charles V, et réunie à la couronne en 1371, a formé trois départemens, savoir :

Celui de la Vendée, à l'O., fameux par les guerres qu'il soutint avec tant de dévouement pour la cause de nos rois. — Bourbon-Vendée, chef-lieu. Les *Sables d'Olonne*, port sur l'Océan. *Luçon*, évêché.

Les îles de Noirmoutier (Herio) et Dieu (Ogia), situées sur la côte de ce département, en font aussi partie.

Celui des Deux-Sèvres, à l'E. du précédent. — Niort, sur la Sèvre-Niortaise, chef-lieu. *Bressuire* et *Parthenay*, célèbres dans les guerres de la Vendée.

Celui de La Vienne, à l'E. du précédent. — Poitiers (Limonum), chef-lieu, cour royale, évêché. Près de cette ville se trouvent *Vouillé*, où Clovis défit et tua Alaric, roi des Visigoths, en 507; et *Maupertuis*, où se donna, en 1356, la funeste bataille où le roi Jean fut fait prisonnier par les Anglais. *Chatellerault*, renommé par sa coutellerie.

*Quel est le département qui correspond aux anciennes provinces d'*Aunis *et de* Saintonge, *et quelles en sont les villes remarquables ?* — Les anciennes provinces d'Aunis et de Saintonge réunies, comme la précédente, à la couronne sous Charles V, ont formé :

Le département de la Charente-Inférieure. — La Rochelle, chef-lieu, port sur l'Océan, évêché, ancienne capitale du pays d'Aunis, patrie de Réaumur, fameuse par le siége qu'y soutinrent les calvinistes sous Louis XIII. *Saintes*, ancienne capitale de la Saintonge; près de cette ville se trouve *Taillebourg*, célèbre par la victoire qu'y remporta sur les Anglais saint Louis encore fort jeune, en 1242. *Rochefort*, sur la Charente, à 5 lieues de son embouchure, l'un des principaux arsenaux de la marine royale et fonderie de canon.

Les îles de Ré et d'Oléron (Uliarus), séparées par le pertuis d'Antioche, font aussi partie de ce département, sur la côte duquel elles sont situées, et renferment sept mille habitans.

Quel est le département qui correspond à l'ancienne province d'Angoumois, et quelles en sont les villes remarquables ? — L'ancienne province d'Angoumois, réunie aussi à la couronne sous Charles V, de même que les précédentes, a formé :

Le département de la Charente : Angoulême (Iculisna), chef-lieu, sur une montagne, près de la Charente, renommée par ses eaux-de-vie. *Jarnac*, où Henri III remporta, en 1569, une victoire sur les calvinistes commandés par le prince de Condé, qui y fut tué par Montesquiou.

Quel est le département qui correspond à l'ancienne province de la Marche, et quelles en sont les villes remarquables ? — L'ancienne province de la Marche, réunie à la couronne par François Ier, en 1531, forme aujourd'hui :

Le département de la Creuse. — Guéret, chef-lieu, ancienne capitale de la Marche. *Aubusson*, renommée pour sa manufacture de tapis.

Quels sont les départemens qui correspondent à l'ancienne province du Limosin, et quelles en sont les villes remarquables ? — L'ancienne province du Limosin, réunie à la couronne sous Charles V, a formé deux départemens, savoir :

Celui de la Haute-Vienne, à l'O., qui renferme aussi la partie occidentale de la Marche. — Limoges, chef-lieu, ancienne capitale du Limosin, cour royale, évêché, patrie du chancelier d'Aguesseau.

Celui de la Corrèze, au S. E. du précédent. — Tulle, sur la Corrèze, chef-lieu. *Brives-la-Gaillarde. Turenne.*

Quels sont les départemens qui correspondent à l'ancienne province d'Auvergne, et quelles en sont les villes remarquables? — L'ancienne province d'Auvergne, confisquée sur le connétable de Bourbon, et réunie à la couronne en 1531, a formé deux départemens, savoir :

Celui du Puy-de-Dôme, au N. — Clermont, chef-lieu, près de la montagne qui donne son nom au département ; ce fut dans un concile qui s'y tint, en 1096, que fut résolue la première croisade ; patrie de Pascal. *Riom*, cour royale, au milieu de la plaine de la *Limagne*, renommée pour sa fertilité.

Celui du Cantal, au S. O. du précédent. — Aurillac, chef-lieu. *Saint-Flour*, évêché.

Quels sont les départemens qui correspondent à l'ancienne province du Lyonnais, et quelles en sont les villes remarquables? — L'ancienne province du Lyonnais, réunie à la couronne sous Philippe-le-Bel, a formé deux départemens, savoir :

Celui de la Loire, à l'O. — Montbrison, chef-lieu. *Roanne*, sur la Loire, ville très-commerçante. *Saint-Étienne*, sur le Furens, dont les eaux sont excellentes pour la trempe de l'acier ; l'une des premières manufactures d'armes de France.

Celui du Rhône, à l'E. — Lyon (Lugdunum), au confluent de la Saône et du Rhône, chef-lieu, la seconde ville du royaume par son commerce et par sa population, archevêché, cour royale, patrie d'un grand nombre d'hommes célèbres. Elle soutint pour la cause royale, en 1793, un siége de deux mois, à la suite duquel elle fut dévastée par les révolutionnaires ; mais ses désastres sont presque entièrement réparés.

Quels sont les départemens qui correspondent à l'ancienne province de Guyenne, et quelles en sont les villes remarquables? — L'ancienne province de Guyenne, qui se composait de la Guyenne et de la Gascogne, après avoir formé un royaume sous le nom d'*Aquitaine*, fut ensuite gouvernée par des ducs, et enfin réunie définitivement à la couronne de France sous Charles VII, en 1453, après avoir été, pendant plus de 300 ans, le théâtre d'une guerre presque continuelle entre les Français et les Anglais. Elle a formé neuf départemens, savoir :

Celui de la GIRONDE, au N. O. — BORDEAUX (Burdigala), sur la Garonne, chef-lieu, ancienne capitale de la Guyenne, archevêché, cour royale, et l'un des ports les plus commerçans du royaume. Cette ville, qui, en 1814, fut la première qui se déclara pour l'auguste famille des Bourbons, donne son nom au prince destiné à régner un jour sur la France. A 4 lieues au S. se trouve le village de *la Brède*, patrie de Montesquieu. *Blaye* (Blavia), sur la Gironde ; les vaisseaux qui remontent jusqu'à Bordeaux y laissent leurs canons. *Coutras* (Corterate), où Henri IV, alors roi de Navarre, remporta, en 1587, une grande victoire sur les catholiques, commandés par le duc de Joyeuse. *Basas* (Vasates), sur un rocher. A l'embouchure de la Gironde, est un rocher isolé (île d'Antros), où Henri IV a fait bâtir un phare appelé la *tour de Cordouan*.

Celui des LANDES, au S. du précédent, ainsi appelé, des *Landes* ou terres incultes qui couvrent une assez grande partie de son territoire, et que l'on commence à défricher. — MONT-DE-MARSAN, chef-lieu. *Dax* (Aquæ Tarbellicæ), sur l'Adour.

Celui de la DORDOGNE, au N. E. de celui de la Gironde. — PÉRIGUEUX (Petrocorium), chef-lieu, évêché, ancienne capitale du *Périgord* ; à deux lieues se trouve le château de *Montaigne*, où naquit le célèbre écrivain de ce nom. *Bergerac*, sur la Dordogne.

Celui du LOT-ET-GARONNE, au S. du précédent. — AGEN (Aginnum), sur la Garonne, chef-lieu, cour royale, évêché, ancienne capitale de l'*Agénois*.

Celui du LOT, à l'E. des précédens. — CAHORS (Cadurci), sur le Lot, chef-lieu, évêché, ancienne capitale du *Quercy*, patrie du poète Clément Marot, prise d'assaut, en 1530, par Henri IV, alors roi de Navarre.

Celui de l'AVEYRON, au S. E. du précédent. — RHODEZ (Ruteni), près de l'Aveyron, chef-lieu, ancienne capitale du *Rouergue*.

Celui de TARN-ET-GARONNE, au S. O. de celui du Lot. — MONTAUBAN, sur le Tarn, chef-lieu; prise par le cardinal de Richelieu, en 1572, sur les calvinistes, qui s'y étaient fortifiés.

Celui du GERS, au S O. du précédent. — AUCH (Ausci), sur le Gers, chef-lieu, ancienne capitale de l'*Armagnac*. *Condom*.

Celui des HAUTES-PYRÉNÉES, au S. du précédent. — TARBES (Turba), sur l'Adour, chef-lieu, ancienne capitale du *Bigorre*, où se trouvaient les deux bourgs de *Bagnères* et de *Baréges*, célèbres par leurs eaux minérales.

Quel est le département qui correspond à l'ancienne province de BÉARN, *et quelles en sont les villes remarquables?* — L'ancienne province de Béarn qui renfermait la *Basse-Navarre*, dont Henri IV était roi quand il se vit appelé par sa naissance au trône de France, a formé, en y joignant l'ancien *pays des Basques*, qui faisait partie de la Gascogne :

Le département des BASSES-PYRÉNÉES. — PAU, sur la *Gave* ou rivière du même nom, chef-lieu, cour royale, patrie de Henri IV, qui y naquit le 13 décembre 1557. *Baïonne* (Lapurdum), port de mer très-commerçant sur le golfe de Gascogne à l'embouchure de l'Adour, évêché, ancienne capitale du *pays des Basques*. Cette ville a donné son nom aux baïonnettes, qui y furent inventées.

Quel est le département qui correspond à l'ancien COMTÉ DE FOIX, *et quelles en sont les villes remarquables?* — L'ancien comté de Foix a formé, en y joignant une petite portion de la Gascogne et du Languedoc :

Le département de l'ARRIÉGE. — FOIX, sur l'Arriége, chef-lieu. *Pamiers*, ancien évêché.

Quel est le département qui correspond à l'ancienne province du ROUSSILLON, *et quelles en sont les villes remarquables ?* — L'ancienne province du Roussillon, prise sur les Espagnols par Louis XIII, et réunie à la couronne par la paix des Pyrénées, en 1659, a formé, en y joignant la *Cerdagne* et une petite partie du Languedoc :

Le département des PYRÉNÉES-ORIENTALES. — PERPIGNAN (Ruscino), sur le Tet, chef-lieu, ancienne capitale du Roussillon, ville forte, prise sur les Espagnols en 1642.

Quels sont les départemens qui correspondent à l'ancienne province du LANGUEDOC, *et quelles en sont les villes remarquables ?* — L'ancienne province du Languedoc, pays agréable et fertile, qui, après avoir appartenu aux Visigoths d'Espagne, et ensuite aux comtes de Toulouse, fut réuni à la couronne après la mort de Raymond, le dernier d'entre eux, par Philippe-le-Hardi, a formé huit départemens, savoir :

Celui de la HAUTE-GARONNE, au S. O. — TOULOUSE (Tolosa), à l'endroit où la Garonne reçoit le canal du Midi, chef-lieu, ancienne capitale du Languedoc, archevêché, cour royale, ville très-ancienne, célèbre par son académie des jeux floraux. Les Anglais y perdirent une sanglante bataille en 1814.

Celui du TARN, au N. E. du précédent. — ALBY (Albiga), sur le Tarn, chef-lieu, archevêché. *Castres*, sur l'Agout, prise par Louis XIII sur les protestans en 1629.

Celui de l'AUDE, au S. E. du précédent. — CARCASSONNE (Carcasso), sur l'Aube, chef-lieu, évêché. *Castelnaudary*, sur le canal du Midi, célèbre par le combat de 1632, où fut pris le duc de Montmorency, qui eut la tête tranchée à Toulouse. *Narbonne* (Narbo Martius), une des villes les plus considérables de la Gaule sous les Romains.

Celui de l'HÉRAULT, au N. E. du précédent. —

— Montpellier, chef-lieu, l'une des villes les plus agréables de France, sur une colline, à deux lieues de la mer; cour royale, évêché. *Béziers* (Biterræ), dans une position si agréable qu'elle a fait dire que, *si Dieu venait habiter la terre, c'est à Béziers qu'il se fixerait. Lodève* (Luteva), patrie du cardinal de Fleury. *Lunel* et *Frontignan*, fameuses par leurs vins muscats.

Celui de la Lozère, au N. du précédent, traversé par les montagnes de ce nom. — Mende, sur le Lot, chef-lieu, évêché.

Celui de la Haute-Loire, au N. du précédent, et renfermant une petite portion de l'Auvergne. — Le Puy-en-Velay, près de la Loire, chef-lieu, remarquable par sa fabrique de dentelles noires. *Brioude*, dans l'ancienne Auvergne; à une demi-lieue se trouve la *vieille Brioude*, remarquable par un pont construit par les Romains.

Celui de l'Ardèche, au S. E. du précédent. — Privas, chef-lieu. *Tournon*, sur le penchant d'une montagne, près du Rhône.

Celui du Gard, au S. du précédent. — Nîmes (Nemausus), chef-lieu, cour royale, évêché qui a compté Fléchier parmi ses prélats. Entre cette ville et *Uzès* se trouve le fameux *pont du Gard*, ouvrage des Romains, composé de trois étages d'arcades dont les plus élevées soutenaient un aqueduc qui portait l'eau à Nîmes, ville alors très-importante. *Pont-Saint-Esprit*, ainsi nommée d'un beau pont de vingt-deux arches sur le Rhône. *Beaucaire*, aussi sur le Rhône, célèbre par ses foires; elle communique par un canal avec *Aigues-Mortes*, où saint Louis s'embarqua pour ses deux croisades, en 1248 et 1269, et qui aujourd'hui se trouve à plus d'une lieue de la mer.

Quels sont les départemens qui correspondent à l'ancienne province du Dauphiné, *et quelles en sont les villes principales?* — L'ancienne province du Dauphiné, qui fut long-temps gouvernée par des souverains qui portaient le titre de *Dauphins de Viennois*, et cédée, en 1343, par le dernier d'entre eux, nommé Humbert II, à Philippe de Valois, sous la condition que les fils aînés des rois de France porteraient le nom et les armes de dauphin, a formé trois départemens, savoir :

Celui de l'Isère, au N. — Grenoble (Gratianopolis), sur l'Isère, chef-lieu, cour royale, évêché, patrie du chevalier Bayard. *Vienne* (Vienna), sur le Rhône, fort célèbre du temps des Romains, et fameuse par le concile de 1311, dans lequel l'ordre des Templiers fut aboli.

Celui de la Drôme, au S. du précédent. — Valence (Valentia), près du Rhône, chef-lieu, évêché. Le pape Pie VI, illustre par ses malheurs et par sa résignation, y mourut en 1799.

Celui des Hautes-Alpes, à l'E. du précédent. — Gap (Vapincum), chef-lieu. *Briançon* (Brigantia), une des plus hautes et des plus fortes villes de l'Europe. *Embrun* (Ebrodunum), sur un rocher escarpé, près de la Durance.

Quels sont les départemens qui correspondent à l'ancienne province de la Provence, *et quelles en sont les villes remarquables?* — L'ancienne Provence, ainsi nommée parce qu'elle fut long-temps la seule *province* que les Romains possédassent dans la Gaule, et réunie à la couronne de France, en 1481, par Louis XI, que Charles d'Anjou, comte du Maine et de Provence, institua son héritier, a formé quatre départemens, savoir :

Celui de Vaucluse, ainsi nommé de la fontaine de ce nom, rendue si célèbre par les vers de Pétrarque, et qui contient, outre une petite partie de la Provence, le Comtat Venaissin, qui appartenait aux papes lorsqu'il fut réuni, en 1791, à la France, qui l'a conservé. — Avignon (Avenio), sur le Rhône, chef-lieu, archevêché, ancienne capitale du Comtat, et pendant soixante-huit ans la résidence des papes. ORANGE (Arausio), ancienne capitale d'une petite principauté qui appartenait à la maison de Nassau, et réunie à la France par Louis XIV. *Carpentras* (Carpentoracte), au pied du mont Vantoux.

Celui des BASSES-ALPES, à l'E. du précédent. — DIGNE (Dinia), chef-lieu; à une lieue se trouvent des eaux minérales renommées. *Sisteron*, sur la Durance. *Forcalquier* (Forum Neronis), sur une montagne.

Celui des BOUCHES-DU-RHÔNE, au S. de celui de Vaucluse. — MARSEILLE (Massilia), excellent port sur le golfe de Lyon, chef-lieu, fondée, 600 ans avant J.-C., par une colonie de Phocéens, venus de l'Asie mineure, et l'une des villes les plus considérables de France par son commerce et par sa population. Les grands vaisseaux, qui ne peuvent entrer dans son port, s'arrêtent à l'île d'*If*, qui en est peu éloignée, et sur laquelle se trouve le château du même nom. *Arles* (Arelate), près de l'endroit où le Rhône se partage en deux branches; Ausonne l'appelle la *Rome des Gaules*. *Aix* (Aquæ-Sextiæ), archevêché, cour royale, ancienne capitale de la Provence, et fort considérable aussi sous les Romains.

Celui du VAR, à l'E. du précédent, et séparé du comté de Nice par la rivière dont il porte le nom. — DRAGUIGNAN, chef-lieu. *Toulon* (Telo-Martius), l'un des plus beaux ports de l'Europe, préfecture maritime, et le principal chantier de construction de la marine royale de France.

Les îles d'HYÈRES et de LÉRINS (anciennes îles Stœchades) font partie de ce département, sur la côte duquel elles sont situées.

Quel est le quatre-vingt-sixième département de la France, et quelles en sont les villes remarquables? — Le quatre-vingt-sixième département de la France se compose de l'île de Corse (Corsica), dont il porte le nom, et qui est située au S. E. de la France, dans la Méditerranée ; elle a été cédée à la France par les Génois en 1768, et conquise sur les habitans l'année suivante. — Ajaccio, chef-lieu, cour royale, évêché. *Bastia*, bon port, ancienne capitale de l'île.

ROYAUME DES PAYS-BAS.

Quels sont les bornes, la population, la religion et le gouvernement du royaume des Pays-Bas? — Le royaume des Pays-Bas, ainsi nommés, parce que le sol en est si bas, qu'ils ne sont préservés des irruptions de la mer que par de fortes digues, est borné au N. et à l'O. par la mer du Nord, au S. par la France, et à l'E. par le grand-duché du Bas-Rhin et par le Hanovre. Il a environ 100 lieues du N. au S., et 50 de l'O. à l'E. Sa population est de cinq millions cinq cent soixante mille habitans, dont trois millions environ pour la Belgique, et le reste pour la Hollande. Les Belges sont catholiques, et les Hollandais calvinistes. Le gouvernement est monarchique et représentatif.

Comment se divisent les Pays-Bas ? — Les Pays-Bas se composent de quatre parties, savoir : la *Hollande*, divisée en huit provinces, au N. ; la *Belgique*, divisée aussi en huit provinces, au S. O. Le *pays de Liége*, et le *grand-duché de Luxembourg*, au S. E. Cette dernière province appartient à la Confédération Germanique, dont le roi des Pays-Bas fait partie en sa qualité de grand-duc de Luxembourg.

Quelles sont les principales villes de la Hollande. — Les principales villes de la Hollande sont : AMSTERDAM, sur le Zuyderzée, capitale de la Hollande propre et de tous les Pays-Bas, l'une des plus belles et des plus florissantes villes du monde. Population, 217 mille habitans. Leyde (Lugdunum Batavorum), sur le vieux canal du Rhin, fameuse par son université. La Haye, au S. O. d'Amsterdam, résidence habituelle du roi des Pays-Bas. Population, 48 mille habitans. On la regarde comme un bourg, parce qu'elle n'a ni portes ni murailles. Les états-généraux s'y tiennent tous les deux ans. Rotterdam, sur la Meuse, que les plus gros vaisseaux peuvent remonter; patrie d'Érasme. Population, 50 mille habitans. Utrecht, au S. E. d'Amsterdam, capitale de la province de son nom, fameuse par l'union de 1579, qui fut le fondement de la république des Provinces-Unies, et par le congrès de 1713, qui pacifia l'Europe. Harlem, à l'O. d'Amsterdam; elle dispute à Mayence la gloire d'avoir inventé l'imprimerie.

Quelles sont les principales villes de la Belgique, *de l'évêché de* Liége, *et du grand-duché de* Luxembourg? — Les principales villes de ces trois provinces sont : BRUXELLES, sur la Senne, l'une des capitales du royaume des Pays-Bas, ville riche et commerçante. Les états-généraux s'y tiennent tous les deux ans. Population, 72 mille habitans. *Waterloo* est au S. E. de cette ville. Anvers, au N., sur l'Escaut, grande ville et port fameux, surtout pendant le temps que la Belgique a appartenu à la France; patrie de Rubens et de plusieurs autres excellens peintres. Population, 60 mille habitans. Gand, au N. O. de Bruxelles, grande ville, patrie de Charles-Quint. Louis XVIII y séjourna, pendant quelque temps, en 1815. Population, 57 mille habitans. Namur, au confluent de la Sambre et de la Meuse, prise par Louis XIV, en 1692. A l'O. de cette ville se trouve *Fleurus*, célèbre par plusieurs grandes batailles. Tournay, à l'O., plusieurs fois prise et reprise par les Français et les Autrichiens, et à une lieue de laquelle se trouve *Fontenoy*, village fameux par la victoire que les Français, commandés par le maréchal de Saxe, y remportèrent, en 1745, sur les Anglais et les Hollandais. Mons, sur la Trouille, au S. E. de la précédente, fameuse par plusieurs siéges, et surtout par celui qu'en fit Louis XIV en 1691. Liége, sur la Meuse, capitale de l'évêché du même nom, patrie de Grétry. Population, 60 mille habitans. Luxembourg, sur l'Esle, capitale du grand duché du même nom, une des plus fortes places de l'Europe, prise par les Français, en 1684, sous Louis XIV, et en 1795.

Quelles sont les principales îles qui dépendent des Pays-Bas? — Les îles qui dépendent des Pays-Bas sont extrêmement nombreuses. La province de *Zélande* tout entière se compose d'un grand nombre d'îles formées par l'Escaut et la Meuse, à leur embouchure dans la mer du Nord, et dont une des principales est celle de Walcheren, qui renferme *Middelbourg*, capitale de la province, et *Flessingue.* Sur la côte de la Hollande, la plus remarquable est celle du Texel, à l'entrée du Zuyderzée, fameuse par deux batailles navales livrées en 1653 et 1673.

CONFÉDÉRATION SUISSE.

Quels sont les bornes, la population, les divisions, le gouvernement et la religion de la Suisse? — La Suisse (ancienne Helvétie), bornée au N. et à l'E. par l'Allemagne, à l'O. par la France, dont elle est séparée par le Jura, et au S. par les états du roi de Sardaigne et le royaume Lombard-Vénitien, renferme une population de plus de deux millions d'habitans. La Suisse se compose de vingt-deux cantons, indépendans les uns des autres pour leur administration intérieure. Les affaires qui touchent à l'intérêt général sont réglées par une diète, qui se rassemble, tous les ans, dans l'un des six cantons qui sont alternativement canton-directeur, et dans lequel se choisit, aussi chaque année, le chef de l'état, nommé le *Landamman.* Des vingt-deux cantons, neuf sont catholiques, sept protestans, et six mixtes. On parle français dans ceux qui se trouvent près de la frontière de France, italien dans ceux qui sont au S. des Alpes, et allemand dans tous les autres.

Quelles sont les principales villes de la Suisse? — Les principales villes de la Suisse sont : BALE (Basilia), sur le Rhin, qui la divise en deux parties : c'est la ville la plus grande et la plus commerçante de la Suisse; on y voit le tombeau d'Érasme. Population, 15 mille habitans. SOLEURE (Solodurum), au S. O. de Bâle, célèbre par un traité d'alliance, qui y fut conclu, pour cinquante ans, entre la France et la Suisse, en 1777. BERNE, au S. de Soleure, une des plus belles villes de la Suisse, prise par les Français, en 1798, après de sanglans combats : une partie de son canton, le plus grand de la Suisse, est couverte de glaciers. On y trouve aussi la belle chute d'eau de *Staubach*, qui tombe de 808 pieds de haut. FRIBOURG, au S. O. de Berne; le canton dont elle est le chef-lieu renferme la petite ville de *Morat*, sur le lac du même nom, où Charles le Téméraire fut vaincu, en 1476, dans une sanglante bataille, par les Suisses, qui élevèrent deux pyramides formées des os des Bourguignons. LAUSANNE, au S. O. de Fribourg, à peu de distance de Genève. GENÈVE, au S. O. de Lausanne, sur le lac Léman ou lac de Genève, capitale de l'ancienne république du même nom. Elle fait un grand commerce d'horlogerie, et a donné naissance à plusieurs hommes célèbres. Population, 22 mille habitans. LUCERNE, sur le lac du même nom, au N. E. de Berne, grand passage pour l'Italie par le Saint-Gothard; résidence du nonce du pape. ZURICH, près du lac de son nom, au N. E. de Soleure, dans une belle position; fameuse par la victoire remportée par les Français, en 1799, à la suite de laquelle les Autrichiens et les Russes furent forcés d'évacuer la Suisse; patrie de Gessner.

CONFÉDÉRATION GERMANIQUE.

Qu'est-ce que la Confédération Germanique? — La Confédération Germanique présente une réunion de trente-neuf états plus ou moins importans de l'Allemagne, liés pour la sûreté commune. Une diète fédérative de dix-sept membres, présidée par l'Autriche, est chargée de toutes les affaires ordinaires. Une diète générale de soixante-neuf membres, dans laquelle chacun des états est représenté en proportion de son importance, est convoquée, à Francfort-sur-le-Mein, pour les affaires qui touchent les lois fondamentales. (*Voyez*, à la fin du volume, les noms des états).

Duché de Nassau.

Quelles sont la position, la population et la capitale du duché de Nassau? — Ce duché, appelé aussi principauté de Nassau, appartenant au duc de ce nom, est situé au S. E. du grand-duché du Bas-Rhin, et renferme plus de 300 mille habitans. Il a pour capitale NASSAU, à cinq lieues à l'E. de Coblentz, résidence du duc.

Duché de Hesse-Cassel.

Quelles sont la position, la population et la capitale du duché de Hesse-Cassel. — Le duché de Hesse-Cassel ou Hesse-Électorale, au duc de ce nom, est situé au N. E. de la principauté de Nassau, et renferme 538 mille habitans. Il a pour capitale CASSEL, sur la Fulde, au N., chef-lieu de l'ancien Landgraviat; population, 45 mille habitans.

Grand duché de Hesse-Darmstadt.

Quelles sont la position, la population et les villes principales du grand-duché de Hesse-Darmstadt. — Le grand-duché de Hesse-Darmstadt, au grand-duc de ce nom, est situé au S. de ceux de Hesse-Cassel et de Nassau, et renferme 620 mille habitans. Ses villes principales sont : DARMSTADT, au S. E. de Nassau, capitale de l'ancien margraviat, et aujourd'hui du grand-duché de Hesse-Darmstadt. MAYENCE, au confluent du Rhin et du Mein, capitale de l'ancien archevêché de ce nom.

FRANCFORT-SUR-LE-MEIN, ville libre, siége de la diète germanique, et peuplée de 48 mille habitans, se trouve enclavée au milieu de cet état.

Grand-duché de Bade.

Quels sont la position, la population, le gouvernement et les villes principales du grand-duché de BADE? — Le grand-duché de Bade est situé au S. de celui de Hesse-Darmstadt, le long de la rive droite du Rhin, qui le sépare de la France. Sa population est de plus d'un million d'habitans. Son gouvernement est représentatif. Ses villes principales sont: CARLSRUHE, vers le N., résidence du grand-duc, ville moderne et bâtie très-régulièrement. RASTADT, au S. O. de Carlsruhe, célèbre par le traité de 1714, entre la France et l'Empire, et par l'inutile congrès de 1799. BADEN, à deux lieues au S. de Rastadt, ancienne capitale du grand-duché.

Royaume de Wurtemberg.

Quels sont les bornes, la population, la religion, le gouvernement et les villes principales du royaume de WURTEMBERG. — Le Wurtemberg est renfermé entre le grand-duché de Bade, au N. O., à l'O. et au S. O., et la Bavière, au S. E., à l'E. et au N. E. Sa population est d'environ un million 500 mille habitans, la plupart luthériens. Son gouvernement est monarchique et représentatif. Ses principales villes sont: STUTTGARD, au centre, près du Necker, chef-lieu du cercle de ce nom et capitale du royaume. ULM, au S. E. de Stuttgard, sur le Danube; chef-lieu

3.

du cercle du Danube, devenue fameuse, en 1805, par une célèbre victoire des Français.

Royaume de Hanovre.

Quels sont les bornes, la population, le gouvernement et les villes principales du royaume de HANOVRE? — Le Hanovre, situé au N. O. de l'Allemagne, est borné au N. par la mer d'Allemagne et l'Elbe; à l'O. par les Pays-Bas; au S. par le grand-duché du Bas-Rhin et autres provinces de la Prusse, qui borne aussi le Hanovre à l'E. Sa population est de 1 million 300 mille habitans. Il appartient au roi d'Angleterre, qui, en sa qualité de roi de Hanovre, est membre de la Confédération Germanique. Son gouvernement est représentatif. Les villes principales sont: HANOVRE, sur la Leine, qui se jette dans le Wéser, chef-lieu de l'ancienne principauté de Culembourg, et capitale du royaume. Population, 20 mille habitans. GOTTINGEN, au S. E. de Hanovre, sur la même rivière; fameuse par son université. OSNABRUCK, au S. O. de Hanovre, chef-lieu de l'ancien évêché de ce nom, fondée par Charlemagne, et remarquable par un traité conclu, en 1648, entre les Suédois et l'Empereur.

Grand-duché d'Oldenbourg.

*Quelles sont la position, la population et les villes principales du grand-duché d'*OLDENBOURG? — Le grand-duché d'Oldenbourg est entouré de toutes parts par le Hanovre, si ce n'est au N., où il touche la mer d'Allemagne. Il renferme 218 mille habitans, et produit d'excellens chevaux. Il a pour capitale OLDENBOURG, à peu près au centre; population, 11 mille habitans.

Quelle est la ville libre qui se trouve à l'E. du grand-duché d'Oldenbourg? — A l'E. du grand-duché d'Oldenbourg se trouve BRÊME, sur le Wéser, ville libre, entrepôt du commerce d'une partie du nord de l'Allemagne. Population, 50 mille habitans.

Grand-duché de Brunswick.

Quelles sont la position, la population et les villes principales du grand-duché de Brunswick ? — Le grand-duché de Brunswick, situé au S. E. du Hanovre, renferme 210 mille habitans. Il a pour capitale BRUNSWICK, sur l'Ocker, grande ville, peuplée de 30 mille habitans. WOLFENBUTTEL, au S. de Brunswick, capitale du duché de ce nom, qui appartient à un prince de la maison de Brunswick.

Quelles sont les deux villes libres dont les territoires se trouvent enclavés entre les duchés de Holstein et de Lawembourg ? — Les deux villes libres dont les territoires se trouvent enclavés entre les duchés de Holstein et de Lawembourg, sont: HAMBOURG, au S. O., sur l'Elbe, l'une des villes les plus commerçantes de l'Europe; sa population est de 125 mille habitans, dont environ 107 mille pour la ville elle-même; elle a pour port CUXHAVEN, à l'embouchure de l'Elbe. LUBECK, au N. E., sur la Trave, à quatre lieues de son embouchure dans la Baltique; une des places de commerce les plus considérables de l'Europe. Population, 45 mille habitans. TRAVEMUNDE, situé à l'embouchure de la Trave, peut en être regardé comme le port.

Grands-duchés de Mecklembourg.

Quelles sont la position, les divisions, la population et les villes principales du MECKLEMBOURG ? — Le Mecklembourg, situé à l'O. du territoire de Lubeck et des duchés de Holstein et de Lawembourg, est divisé en deux parties, distinguées entre elles par les noms de leurs capitales, et gouvernées par des grands-ducs qui sont membres de la **Confédération Germa-**

nique. Ces deux grands-duchés sont ceux de Mecklembourg-Schwerin, à l'O, avec une population de 357 mille habitans; capitale Schwerin, ville forte sur le lac du même nom, qui divise le grand-duché en deux parties; résidence du grand-duc. Mecklembourg-Strélitz, à l'E., avec une population de 72 mille habitans; capitale Strélitz, près d'un lac, résidence du grand-duc.

Saxe.

Quelles sont la position et les divisions de la Saxe? — La Saxe, qui occupe à peu près le centre de l'Allemagne, se compose du royaume de Saxe et de cinq principautés, dont les souverains sont tous membres de la Confédération Germanique.

Quels sont les bornes, la population, le gouvernement et les villes principales du royaume de Saxe? — Le royaume de Saxe, qui a perdu une grande partie de ses possessions par suite des événemens de 1814, est borné au N. et à l'E. par les États du roi de Prusse, à l'O. par les principautés de Saxe, et au S. par la Bohême. Sa population est de 1 million 200 mille habitans. Son gouvernement est monarchique et représentatif. Ses villes principales sont: DRESDE, sur l'Elbe, capitale du royaume, peuplée d'environ 50 mille habitans. A trois lieues se trouve le château de *Pilnitz*, maison de plaisance, sur les bords de l'Elbe. Leipsick, au N. O. de Dresde, chef-lieu du cercle du même nom; fameuse par ses foires annuelles, consistant surtout en livres; par son université, et par la bataille qui se livra dans ses plaines, en 1813; patrie de Leibnitz. Population, 40 mille habitans.

Quelles sont la position, la population et les villes principales des cinq principautés appartenant à la maison de Saxe? — Les cinq principautés appartenant à la maison de Saxe sont situées à l'O. du royaume de ce nom, dans l'ancien duché de Saxe, qui fait aujourd'hui partie de la Prusse; nous allons les nommer en commençant par les plus considérables : 1° Le grand-duché de Saxe-Weimar, qui renferme 200 mille habitans, et qui a pour villes principales : WEIMAR, au centre, capitale, résidence du grand-duc. Iéna, au S. E. de Weimar, célèbre par son université, et par une grande victoire qu'y remportèrent les Français sur les Prussiens en 1806; 2° Le duché de Saxe-Gotha, peuplé de 180 mille habitans, et ayant pour capitale Gotha, sur la Leine; 3° La principauté de Saxe-Cobourg, renfermant 80 mille habitans, et ayant pour villes principales : Cobourg, au S., sur la Jetz, capitale; Saalfeld, au N. O. de Cobourg, et souvent la résidence du prince, qui porte le titre de prince de Saxe-Cobourg Saalfeld. Il possède aussi un territoire de 20 mille habitans, dans l'ancien département de la Sarre, sur la rive gauche du Rhin; 4° Le duché de Saxe-Meinungen, avec une population de 56 mille habitans, et une capitale nommée Meinungen, à l'E. ; 5° La principauté de Saxe-Hildburghausen, peuplée de 30 mille habitans, et ayant pour capitale Hildburghausen, au centre.

Royaume de Bavière.

Quels sont les bornes, la population, la religion et le gouvernement de la Bavière ? — La Bavière, bornée au N. par la Saxe, à l'O. par la Hesse et le Wurtemberg, au S. par le Tyrol, et à l'E. par l'Autriche et la Bohême, renferme 3 millions 560 mille habitans; elle possède, sur la rive gauche du Rhin, le *Cercle du Rhin*, enclavé entre la Hesse, au N., le grand-duché du Bas-Rhin, à l'O., la France, au S., et le Rhin qui le sépare du grand-duché de Bade, à l'E. Son gouvernement est monarchique et représentatif. La religion catholique est dominante dans ce pays.

Quelles sont les principales villes de la Bavière ? — Les principales villes de la Bavière sont : MUNICH, vers le S., capitale de tout le royaume : elle passe pour une des plus belles villes de l'Europe. AUGSBOURG (Augusta Vindelicorum), au N. O. de Munich, célèbre par la confession qui donna naissance à une des sectes de la religion protestante. NUREMBERG, au N. d'Augsbourg, une des villes les plus florissantes de l'Allemagne par son commerce.

PRUSSE.

Quels sont les bornes, la population, le gouvernement et la religion de la PRUSSE ? — Les États du roi de Prusse ont pour bornes au N. la Baltique et le grand-duché de Mecklembourg ; à l'O. le Hanovre et la Hesse ; au S. les petites principautés de la Confédération Germanique, le royaume de Saxe, la Bohême, la Moravie, le royaume de Pologne ; à l'E. la Russie. Sa population est d'environ 12 millions d'habitans. Son gouvernement est une monarchie pure. La religion luthérienne y est dominante.

Comment se divisent les États du roi de Prusse ? — Les États prussiens sont de deux espèces : 1° ceux qui font partie de la Confédération Germanique, à l'O., renfermant cinq provinces, savoir : le *grand-duché du Bas-Rhin*, à l'O., et séparé des autres États prussiens par le Hanovre et la Hesse ; la *Poméranie*, au N., le *grand-duché de Brandebourg*, au centre ; le *duché de Saxe*, au S O., et celui de *Silésie*, au S. E. 2° Ceux qui ne font pas partie de la Confédération Germanique, au nombre de trois, savoir : l'ancienne *Prusse royale*, divisée en *occidentale* et *orientale*, et le *grand-duché de Posen*, composé de la partie de la Pologne qui est restée à la Prusse d'après les derniers traités.

Quelles sont les principales villes des provinces de la Prusse qui font partie de la Confédération ? — Les principales sont : BERLIN, sur la Sprée, capitale du grand-duché de Brandebourg et de tout le royau-

...me de Prusse. Population, 180 mille habitans. Au S. O. est *Postdam*, ville et maison de plaisance des rois de Prusse. Dusseldorf, sur la rive droite du Rhin, capitale du grand-duché du Bas-Rhin, donné à la Prusse en 1815. Cologne (Colonia Agrippina), sur la rive gauche du Rhin. Aix-la-Chapelle, au S. O. de Cologne, choisie par Charlemagne pour être le siége de son empire, et célèbre par plusieurs traités de paix. Magdebourg, sur l'Elbe, capitale du duché de Saxe, ville très-forte, prise par les Français, en 1805, après un siége long et pénible. Custrin, à l'E. de Berlin, au confluent de l'Oder et de la Warta; place forte. Francfort sur l'Oder, au S. de Custrin; célèbre par ses foires. Stettin, au N. E. de Berlin, sur l'Oder; capitale de la Poméranie prussienne; ville très-forte et très-commerçante. Stralsund, au N. O. de Stettin, sur le détroit qui sépare l'île de Rugen du continent; capitale de l'ancienne Poméranie suédoise; ville très-forte et très-riche. Breslaw, au S. E. de Berlin, sur l'Oder; capitale de la Silésie; très-belle ville, peuplée de 63 mille habitans.

Quelles sont les principales villes des provinces de Prusse qui ne font pas partie de la Confédération? — Les principales sont: Dantzick, au N., près de la Vistule et du golfe auquel elle donne son nom; capitale de la Prusse occidentale, et l'une des villes les plus importantes de l'Europe par son commerce et ses richesses. Les Français la prirent, en 1807, après un siége mémorable. Population, 60 mille habitans. Koenigsberg, au N. O., sur le Prégel, près de la mer; capitale de la Prusse orientale et de toute la Prusse royale. Population, 60 mille habitans. Eylau et Friedland, au S. E. de Kœnigsberg, et célèbres par les victoires qu'y remportèrent les Français sur les Prussiens et les Russes en 1807, et qui amenèrent la paix qui fut signée à Tilsit, près du Niémen, au N. E. de Kœnigsberg. Posen, sur la Warta, capitale du grand-duché. Gnesne, au N. E. de Posen, archevêché: c'est, dit-on, la première ville bâtie en Pologne ; on y couronnait autrefois les rois de ce pays.

Quelles sont les îles que possèdent la Prusse ? — La Prusse possède trois îles dans la mer Baltique, savoir : Wollin, Usedom, entre les embouchures de l'Oder, renfermant chacune une ville du même nom ; Rugen, vis-à-vis Stralsund, au N. O. des précédentes, mais plus considérable, fortifiée par l'art et la nature. Capitale, Bergen, au N.

AUTRICHE.

*Quels sont les bornes, la population, la religion et le gouvernement de l'*Autriche*?* — Les États de l'empereur d'Autriche sont bornés au N. par la Russie, la Pologne, la Prusse et la Bavière ; à l'O. par la Suisse et le Piémont ; au S. par les duchés de Parme, de Modène, les États du pape, la mer Adriatique et la Turquie d'Europe, qui la borne aussi à l'E. La population de ce vaste empire s'élève à plus de 30 millions d'habitans, dont plus de 20 millions sont catholiques, 3 millions luthériens, 2 millions professant la religion grecque ; le reste, juifs. Son gouvernement est monarchique.

Comment se divisent les États de l'empereur d'Autriche ? — Les États de l'empereur d'Autriche sont de trois espèces : 1° Les provinces qui font partie de la Confédération Germanique ; 2° celles qui n'en font pas partie ; 3° les possessions d'Italie, que nous ne décrirons qu'en parlant de l'Italie.

Quelles sont les provinces de l'empire d'Autriche qui font partie de la Confédération ? — Les provinces de l'empire d'Autriche qui font partie de la Confédération sont au nombre de six, savoir : l'*Autriche propre*, au N. E, le *Tyrol*, au S. O., la *Styrie*, la *Carinthie*, la *Carniole* et l'*Istrie Autrichienne*, au S.

Quelles sont les principales villes de ces provinces ?

Les principales villes de ces provinces sont : VIENNE (Vindobona) sur le Danube, capitale de la Basse-Autriche et de tout l'empire ; assiégée inutilement deux fois par les Turcs, et prise par les Français en 1805 et 1809. Population, 270 mille habitans. A peu de distance se trouvent les maisons de plaisance de *Lœxembourg* et de *Schœnbrunn*. LINTZ, sur le Danube, capitale de la Haute-Autriche ; ville forte. SALTZBOURG, au S. O. de Lintz, archevêché, capitale de l'ancien État du même nom : patrie de Charlemagne. INSPRUCK, au S. O., sur l'Inn, capitale du Tyrol. TRENTE (Tridentum), au S. O. d'Inspruck, sur l'Adige ; fameuse par le concile général qui s'y tint, en 1545, contre les protestans. GRATZ, au S. O. de Vienne, sur la Muër ; capitale de la Styrie ; archevêché, avec une citadelle sur un rocher de 700 pieds de haut. KLAGENFURT, au S. O. de Gratz, près du lac de Wert, capitale de la Carinthie. LAYBACH, au S. E. de Klagenfurt ; célèbre par le congrès de 1820, capitale de la Carniole. TRIESTE (Tergeste), port de mer, sur le golfe du même nom, formé par la mer Adriatique ; capitale de l'Istrie Autrichienne, ville très-commerçante. Population, 50 mille habitans.

Quelles sont les provinces de l'empire d'Autriche qui ne font pas partie de la Confédération? — Les provinces de l'empire d'Autriche qui ne font pas partie de la Confédération sont au nombre de dix, savoir : le *royaume de Bohême*, la *Moravie*, la *Silésie autrichienne* et la *Gallitzie*, au N. E. ; le *royaume de Hongrie*, à l'E., auquel sont annexées la *Transylvanie* avec la *Buchowine*, à l'E. ; et l'*Esclavonie* avec la *Croatie septentrionale*, au S. ; enfin le royaume d'*Illyrie*, au S. O.

Quelles sont les bornes, la population et les villes principales de la BOHÊME *et de la* MORAVIE? — La Bohême, en y comprenant la Moravie qui y est annexée, a la Silésie et la Saxe, au N. ; la Bavière, à l'O., et l'Autriche, au S.; elle est entourée d'une chaîne de montagnes, et divisée par la Moldaw en orientale et occidentale : elle forme un royaume, dont la population s'élève à près de 4 millions et demi d'habitans. Ses villes principales sont : PRAGUE, au centre, sur la Moldaw, capitale de la Bohême; ville grande et forte, peuplée de 90 mille habitans. Les Français, au nombre de 20 mille, y soutinrent un siége mémorable en 1742. TOEPLITZ et CARLSBAD, vers la frontière du N. O., possèdent des sources d'eaux thermales renommées. BRUNN, capitale de la Moravie, avec un bon château fort, 30 mille habitans. C'est au S. E. de cette ville que se trouve le village d'*Austerlitz*, où les Français remportèrent une fameuse victoire, en 1805.

Quelles sont les principales villes de la SILÉSIE AUTRICHIENNE *et de la* GALLITZIE? — La Silésie Autrichienne, composée de la partie de cette province qui est restée à l'Autriche, en 1742, lorsqu'elle en céda la plus grande partie à la Prusse, a pour ville principale : TROPPAU, remarquable par le congrès de 1821. LA GALLITZIE, comprenant la partie S. de la Pologne, dont l'Autriche s'est emparée, en 1773, contient environ 2 millions d'habitans, et a pour capitale : LÉOPOLD OU LEMBERG, au centre. Au N. O., se trouve le territoire de CRACOVIE, déclarée ville libre par le congrès de Vienne, et peuplée de 25 mille habitans. La république entière en a 71 mille.

Quelles sont les bornes, la population et les villes principales de la HONGRIE, *en y comprenant les provinces qui y sont annexées?* — La HONGRIE, située à l'E. de l'empire d'Autriche, et ayant la Turquie à l'E. et au S., forme un royaume, qui, avec les provinces que nous avons nommées plus haut, renferme plus de 9 millions d'habitans. Ses principales villes sont : PRESBOURG, sur le Danube, à l'E. de Vienne, capitale de toute la Hongrie. Population, 32 mille habitans. BUDE OU OFFEN, sur le Danube, vis-à-vis Pest, capitale de la Basse-Hongrie, prise plusieurs fois par les Turcs. Population, 30 mille habitans. Pest, sur la rive gauche du Danube, vis-à-vis Bude, avec laquelle elle communique par un pont de bateaux; ville très-commerçante. Population, 30 mille habitans. Au N. de cette ville se trouve le fameux vignoble de *Tokai*, possédé par la cour d'Autriche. Hermanstadt, au S. E., capitale de la *Transylvanie*, pays couvert de montagnes et de forêts. Czernowitz, au N., près du Pruth, capitale de la *Buchovine*, petite province démembrée de la Moldavie. Poséga, au S. O. de Bude; capitale de la *Basse-Esclavonie*. Agram, au N. O. de Poséga, près de la Save, capitale de la *Croatie septentrionale*, formée de l'ancienne Haute Esclavonie. Péterwaradin, sur le Danube, l'une des plus fortes places du monde, célèbre par une fameuse bataille que le prince Eugène y gagna, en 1716, contre les Turcs.

*Quelles sont la position, les villes remarquables et les îles principales de l'*Illyrie? — Le royaume d'Illyrie, situé entre la mer Adriatique, à l'O., la Hongrie, au N. E., et la Turquie, au S. E., comprend, outre la Carinthie, la Carniole et l'Istrie Autrichienne, que nous avons décrites parmi les provinces qui font partie de la Confédération, plusieurs autres pays, dont les villes principales sont: Carlowitz ou Carlostadt, au S. O. d'Agram; cap. de la *Croatie Méridionale*, fameuse par le traité de paix de 1699, entre l'Autriche, la Pologne et les Vénitiens, d'un côté, et les Turcs de l'autre. Capo d'Istria, au S. de Trieste, dans une petite île du golfe de ce nom, jointe à la terre par un pont-levis; capitale de l'Istrie Vénitienne. Raguse, au S. E. de Spalatro; bon port sur l'Adriatique; capitale de l'ancienne république du même nom. Les principales îles Illyriennes sont: Veglia (Curicta), au N., la plus belle et la mieux peuplée. Cherso (Crepsa), à l'O. de Veglia; elle est très-longue, et abonde en bétail et en miel excellent. Pago (Cissa), au S. E. des précédentes. Brazza (Brattia), au S. de Spalatro. Le-

SINA (Pharos), au S. de Brazza; elle a 48 lieues de tour, et renferme une ville du même nom, avec un bon port. CURSOLA et MÉLÉDA, au S. E. des précédentes.

ESPAGNE.

Quels sont les bornes, la population, la religion et le gouvernement de l'Espagne? — L'Espagne qui, avec le Portugal, occupe la grande presqu'île située au S. O. de l'Europe, est bornée au N. par les Pyrénées, qui la séparent de la France, et par le golfe de Gascogne; à l'O. par l'Océan Atlantique et le Portugal; au S. par l'Océan Atlantique, le détroit de Gibraltar et la Méditerranée, qui lui sert aussi de borne à l'E. Elle a 240 lieues de long sur 200 de large, et renferme une population de 11 à 12 millions d'habitans, professant tous la religion catholique. Son gouvernement est monarchique.

Comment se divise l'Espagne? — L'Espagne se divise en 14 provinces, dont plusieurs ont porté le titre de royaumes, savoir : six au N., qui sont, de l'E. à l'O. : la *Galice*, les *Asturies*, la *Biscaye*, la *Navarre*, l'*Aragon*, et la *Catalogne;* cinq au milieu qui sont : le royaume de *Léon*, l'*Estramadure*, la *Vieille* et la *Nouvelle Castille*, et le royaume de *Valence;* trois au S., qui sont : l'*Andalousie*, et les royaumes de *Grenade* et de *Murcie*.

Quelles sont les principales villes des provinces du nord de l'Espagne? — Les principales villes du nord de l'Espagne sont : SAINT-JACQUES DE COMPOSTELLE, dans une presqu'île formée par deux rivières; capitale de la Galice, archevêché; lieu d'un célèbre pèlerinage au tombeau de Saint-Jacques-le-Majeur, qu'on y a cru enterré. OVIÉDO et SANTILLANE, capitale des Asturies. BILBAO, au S. E. de Santillane, capitale de la Biscaye, prise et reprise plusieurs fois par les Français et les Espagnols, en 1808 et 1809. PAMPELUNE (Pampelo), au S. E. de Fontarabie; ville très-forte, prise par les Français dans la dernière guerre; capitale de la Navarre, province au N. de laquelle se trouve *Roncevaux*, célèbre par la mort du fameux Roland, neveu de Charlemagne. SARRAGOSSE (Cæsarea Augusta), sur l'Èbre, au S. E. de Pampelune, capitale de l'Aragon; fameuse par le siége opiniâtre qu'elle soutint contre les Français, en 1809. BARCELONNE (Barcino), à l'E. de Sarragosse, avec un bon port sur la Méditerranée; capitale de la Catalogne, et l'une des principales villes de l'Espagne; cruellement ravagée par la fièvre jaune, en 1821; elle renfermait 110 mille habitans.

Quelles sont les principales villes des provinces du centre de l'Espagne ? — Les principales villes des provinces du centre de l'Espagne sont : MADRID (Mantua), au S. E. de Ségovie; capitale de la Nouvelle-Castille et de toute l'Espagne, sur le Mançanarès, petit ruisseau qu'on passe sur un pont magnifique; les Français, commandés par le duc d'Angoulême, y sont entrés, le 18 mai 1823. Population, 160 mille habitans. A peu de distance de cette ville sont les châteaux royaux de l'*Escurial*, sur le Mançanarès, et d'*Aranjuez*, sur le Tage. LÉON (Legio Septima gemina), au S. E. d'Oviédo, capitale de l'ancien royaume du même nom. SALAMANQUE (Salamantica), au S. de Léon; fameuse université. BADAJOZ, au S. O. de Salamanque, sur la Guadiana, que l'on passe sur un pont de 1,864 pieds de long, sur lequel les Portugais furent défaits, en 1661, par don Juan d'Autriche; capitale de l'Estramadure espagnole. BURGOS, au N. E. de Salamanque; capitale de la Vieille-Castille; patrie du Cid. TOLÈDE (Toletum), sur le Tage, au S. O. de Madrid, fameuse université. VALENCE, au S E. de Tolède, sur le Guadalaviar, à une lieue de la mer; capitale de l'ancien royaume du même nom, et l'une des plus florissantes villes d'Espagne. Population, 60 mille habitans. Au S. se trouve *Alicante*, ville fameuse par ses vins.

ESPAGNE.

Quelles sont les principales villes du midi de l'Espagne ? — Les principales villes du midi de l'Espagne sont : Cordoue (Corduba), sur le Guadalquivir, au S. O. de Tolède, dans l'Andalousie; très-florissante sous les Maures ; patrie du fameux Gonzalve. Séville (Hispalis), au S. O. de Cordoue, sur le même fleuve; capitale de l'Andalousie, si belle qu'elle a donné lieu au proverbe espagnol : *Qui n'a point vu Séville, n'a point vu de merveille.* C'est la patrie de Michel Cervantes. Cadix (Gades), au S. O. de Séville, dans la même province ; bon port, et l'une des villes les plus commerçantes du monde; population, 70 mille habitans ; très-forte par sa position dans une petite île réunie au S. par une chaussée à l'île de *Léon* (ancienne île Erythrée), devenue célèbre par la révolution qui y a éclaté en 1820, et qui y est venue expirer en 1823. On trouve encore dans l'Andalousie Chérès et Rota, renommés par leurs vins ; et le fort de Gibraltar (Calpe), sur le détroit de ce nom : il est situé sur un rocher, à 1,400 pieds au-dessus de la mer, et appartient, depuis 1704, aux Anglais, qui s'en sont emparés par surprise. Grenade, à l'E. de Séville; capitale du royaume de son nom, le dernier que les Maures aient possédé en Espagne, et d'où ils furent chassés en 1492. Ils ont bâti dans cette ville un magnifique palais nommé *Alhambra*, qui subsiste encore. Murcie, au N. E. de Grenade, capitale du royaume de son nom, conquis sur les Maures, en 1265, par Ferdinand, roi de Castille. Carthagène (Carthago Nova), au S. E. de Murcie; port sur la Méditerranée, le meilleur de l'Espagne, et l'un des plus considérables de l'Europe. Malaga (Malaca), port de mer renommé par ses vins, au S. de la même province.

Quelles sont les îles que l'Espagne possède en Europe ? — Les principales îles que l'Espagne possède en Europe sont les anciennes Iles Baléares, situées dans la Méditerranée, au nombre de quatre, savoir : Majorque (Major), la plus grande du groupe, de 37 lieues de circuit, et peuplée de 80 mille habitans; capitale *Palma*, au S. Minorque (Minor), au N. E. de Majorque; villes: *Citadella*, à l'O., et *Port-Mahon* (Portus Magonis), à l'E. Population, 27 mille habitans. Iviça (Ebusus), au S. O. de Majorque, avec une capitale du même nom, elle est très-fertile, et produit beaucoup de sel. Formentara (Ophiusa), au S. d'Iviça, inhabitée à cause du grand nombre de serpens qui s'y trouvent.

L'Espagne a encore, dans les diverses parties du monde, de nombreuses possessions, dont nous parlerons en leur lieu.

PORTUGAL.

Quels sont les bornes, la population, la religion, le gouvernement et les divisions du Portugal? — Le Portugal est borné à l'O. et au S. par l'Océan, et de tous les autres côtés par l'Espagne. Il a environ 125 lieues de long sur 60 de large, et renferme près de 3 millions d'habitans, professant la religion catholique. Son gouvernement est monarchique.

Quelles sont les divisions et les villes principales du Portugal? — Le Portugal se divise en six provinces, dont nous allons faire connaître les noms en parlant de leurs villes principales, qui sont: LISBONNE (Olisippo), au centre, à l'embouchure du Tage; capitale de l'Estramadure portugaise et de tout le royaume, et actuellement résidence des souverains, qui ont habité plusieurs années le Brésil. Son port, qui est très-vaste, passe pour un des meilleurs de l'Europe. Renversée par le tremblement de terre de 1755, elle est entièrement réparée. Population, 220 mille habitans. Au S. se trouve *Belem*, sur le Tage, sépulture des rois. Braga, au N., capitale de la province entre Minho et Douro. A l'embouchure de ce dernier fleuve, se trouve *Porto*, renommé par ses vins. Bragance, au N. E. de Braga, capitale de la province de *Tra-los-*

Montes ou *au-delà des monts*. Cette ville a donné son nom à la famille actuellement régnante, qui fut portée sur le trône par la révolution de 1640. COÏMBRE (Conimbriga), au S. de Braga; capitale de la province de Beyra, et ancienne résidence des rois; fameuse université. ÉVORA, au S. E. de Lisbonne; capitale de l'Alentéjo. TAVIRA, port de mer, au S., sur l'Océan; capitale de l'Algarve (Cuneus), qui a porté le titre de royaume.

Les Portugais ont en outre, dans les diverses parties du monde, de nombreuses possessions, que nous décrirons dans leur lieu.

ITALIE.

*Quelles sont les bornes, l'étendue et la population de l'*ITALIE? — L'Italie est cette vaste presqu'île formée au S. de l'Europe, par la Méditerranée, à l'O. et au S., et la mer Adriatique, à l'E. Elle est bornée au N. par les Alpes, qui la séparent de la France, de la Suisse et de l'Allemagne; sa longueur est de 250 l. sur 135, dans sa plus grande largeur. La chaîne de l'Apennin la traverse du N. O. au S. E. dans toute son étendue. Sa population, en y comprenant la Sicile et Malte, avec les deux petites îles qui en dépendent, s'élève à près de 20 millions d'habitans.

Combien l'Italie renferme-t-elle d'États différens, et quels sont-ils? — L'Italie renferme dix États différens, savoir : Les royaumes de Sardaigne et Lombard-Vénitien, les duchés de Parme, Plaisance et Guastalla, les États de Modène, les duchés de Lucques et de Massa-Carrara, le grand-duché de Toscane, les États de l'Église, la république de S. Marin, le royaume des Deux-Siciles; les îles de Malte, Goso et Comino, à l'Angleterre.

ROYAUME DE SARDAIGNE.

Quels sont les bornes, la population, la religion et

SARDAIGNE.

le gouvernement des États du roi de SARDAIGNE? — Les États du roi de Sardaigne comprennent, outre l'île de ce nom, des possessions assez considérables au N. O. de l'Italie et du golfe de Gênes. Ces possessions sont bornées au N. par la Suisse, à l'O. par la France, au S. par la Méditerranée, et à l'E. par le duché de Parme et le royaume Lombard-Vénitien. La population de tous ces États est de 4 millions 168 mille habitans, dont 492 mille pour l'île de Sardaigne et les autres petites îles qui l'entourent. Ils professent la religion catholique. Le gouvernement de ce royaume est monarchique.

De quoi se composent les États du roi de Sardaigne? — Les États du roi de Sardaigne se composent de sept provinces principales : savoir : l'*Île de Sardaigne*, au S. de la Corse, dont elle est séparée par le détroit de Bonifacio; le duché de *Savoie*, à l'E. du Dauphiné, berceau de la famille qui règne aujourd'hui dans ce pays; le *Piémont*, séparé de la Savoie par le *Grand* et le *Petit Saint-Bernard*, et par le *Mont-Blanc*, la plus haute montagne des Alpes; le *Mont-Ferrat*, le *Milanais Sarde*, à l'E.; le *comté de Nice* et le *duché de Gênes*, qui occupent toute la côte septentrionale du golfe de ce nom.

Quelles sont les principales villes du royaume de Sardaigne? — Les principales villes du royaume de Sardaigne sont : TURIN (Augusta Taurinorum), au confluent de la Doria Riparia et du Pô, capitale du Piémont, résidence des souverains, et l'une des plus belles villes de l'Italie. Population, 107 mille habitans. CHAMBÉRY, au S. O. de la Savoie, dont elle est la capitale. CASAL, sur le Pô, ville forte, capitale du Mont-Ferrat. ALEXANDRIE, au S. E. de Turin, sur le Tanaro; ville très-forte, capitale du Milanais Sarde. NICE (Nicœa), à une lieue de l'embouchure du Var; capitale du comté de son nom; dans une situation admirable et sous un ciel extrêmement pur. MONACO, à l'E. de Nice; petit port sur la Méditerranée, appartenant au prince du même nom, sous la protection du roi de Sardaigne. Gênes (Genua), au S. E. d'Alexandrie, bâtie en amphithéâtre sur le bord de la mer, et surnommée *la Superbe*, à cause de la magnificence de ses palais, dont plusieurs sont en marbre. Elle était la capitale d'une république que son commerce rendit, au XVIIe siècle, un des États les plus riches et les plus puissans de l'Europe. Louis XIV la fit bombarder en 1684. Population, 76 mille habitans. Cagliari (Caralis), au S. de l'île de Sardaigne, sur le golfe du même nom; capitale, archevêché, résidence du roi pendant tout le temps que ses Etats furent occupés par les Français. Population, 27 mille habitans.

ROYAUME LOMBARD-VÉNITIEN.

Quels sont les bornes, la population, la religion et le gouvernement du royaume Lombard-Vénitien ? — Le royaume Lombard-Vénitien, situé au N. de l'Italie, est borné au N. par l'Allemagne et le pays des Grisons, à l'O. par le Piémont, au S. par les duchés de Parme, de Modène, les États de l'Église et le golfe de Venise, et à l'E. par le royaume d'Illyrie. Sa population est de plus de 4 millions d'habitans, professant la religion catholique. Il est gouverné, sous la souveraineté de l'empire d'Autriche, par un vice-roi, qui est un prince de la famille impériale.

De quoi se compose le royaume Lombard-Vénitien ? — Le royaume de Lombard-Vénitien se compose de quatre provinces, savoir : la *Valteline*, province qui faisait partie du pays des Grisons, au N. O.; le *Milanais*, à l'O.; le duché de *Mantoue*, au centre; et l'ancienne république de *Venise*, à l'E. Il est aujourd'hui divisé en 14 petits cercles.

Quelles sont les principales villes du royaume Lom-

bard-Vénitien ? — Les principales villes du royaume Lombard-Vénitien sont : MILAN (Mediolanum), capitale du royaume Lombard-Vénitien, et l'une des villes les plus belles et les plus riches de l'Italie. Population, 160 mille habitans. PAVIE (Ticinum), au S., sur le Tésin, fameuse par la bataille où François Ier fut fait prisonnier, en 1525. MARIGNAN, où ce même prince remporta une célèbre victoire sur les Suisses et le duc de Milan. LODI, au S. de Milan, sur l'Adda ; ville forte, que les Français prirent sur les Autrichiens, en 1796, après avoir passé un pont sous le feu de leur artillerie. MANTOUE (Mantua), dans un lac formé par le Mincio, ce qui la rend très-forte. VÉRONE (Verona), au N. E. de Mantoue, sur l'Adige, remarquable par le congrès de 1822 et 1823. PADOUE (Patavium), à l'E. de Vérone, sur la Brenta ; fameuse université. VENISE, au N. E. de Mantoue, dans le golfe qui porte son nom ; une des plus belles, des plus considérables et des plus fortes villes du monde ; fondée, au cinquième siècle, au milieu des lagunes de la mer Adriatique, par quelques habitans de Padoue, qui s'y réfugièrent pour se soustraire à la fureur d'Attila. Son commerce l'avait rendue, au commencement du quatorzième siècle, un des plus puissans États de l'Europe. Population, 180 mille habitans.

DUCHÉS DE PARME, PLAISANCE ET GUASTALLA.

Quels sont la position, la population, la religion, le gouvernement et les villes principales des duchés de PARME, PLAISANCE *et* GUASTALLA ? — Ces trois duchés, situés au S. du Milanais, renferment près de 400 mille habitans, professant la religion catholique, et appartiennent à l'archiduchesse Marie-Louise d'Autriche. Leurs villes principales sont : PARME (Parma), au S. E., capitale du duché du même nom ; ville grande, riche, et peuplée de 30 mille habitans. PLAISANCE (Placentia), au N. O. de Parme ; elle tire son nom de sa situation extrêmement agréable, au confluent du Pô et de la Trébia ; capitale du duché du même nom. Population, 30 mille habitans. GUASTALLA, au N. E. de Plaisance; petite ville sur le Pô.

ÉTATS DE MODÈNE.

Quels sont la population, la religion, le gouvernement, les divisions et les villes principales des États de MODÈNE? — Les États de Modène, situés au S. E. des duchés de Parme et de Guastalla, renferment 375 mille habitans, professant la religion catholique, et sont gouvernés par un archiduc de la maison d'Est. Ils comprennent les anciens duchés de Modène, de la Mirandole, et de Reggio, qui ont des capitales du même nom. MODÈNE (Mutina), au S. E. de Parme, est la résidence du prince. Population, 25 mille habitans. *Reggio* est la patrie de l'Arioste, fameux poëte italien.

DUCHÉS DE LUCQUES ET DE MASSA-CARRARA.

Quels sont la position, la population, la religion, le gouvernement et les villes principales des duchés de LUCQUES *et de* MASSA-CARRARA? — Le duché de Lucques, situé au S. O. de celui de Modène, renferme 131 mille habitans, professant la religion catholique. Il a été donné, par le congrès de Vienne, en indemnité, à Marie-Louise de Bourbon, ancienne reine d'Étrurie ; mais il est réversible au grand-duché de Toscane. Sa capitale est LUCQUES (Luca), au N. O. de Florence ; ville fort belle et très-commerçante, peuplée de 18 mille habitans.

Le duché de MASSA-CARRARA, situé à l'E. du précédent, est peuplé de 20 mille habitans, et renferme les villes de MASSA et de CARRARA. La dernière est fameuse par ses beaux marbres, connus sous le nom de marbres de CARRARE.

GRAND-DUCHÉ DE TOSCANE.

Quels sont la position, la population, la religion, le gouvernement et les villes principales du grand-duché de Toscane? — Le grand-duché de Toscane (ancienne Étrurie), situé sur la côte de la Méditerranée et traversé par la chaîne des Apennins, où l'on trouve des mines d'argent, de cuivre, etc., renferme 1 million 264 mille habitans professant la religion catholique. Cet Etat, après avoir plusieurs fois changé de souverains, a été donné, en 1814, à l'archiduc Ferdinand d'Autriche, qui le gouverne sous le nom de grand-duc de Toscane. Ses principales villes sont : FLORENCE, au N. O., sur l'Arno, capitale du grand-duché de Toscane; grande et belle ville, peuplée de 80 mille habitans. Elle fut pendant plusieurs siècles la capitale d'un des plus puissans États de l'Europe, et le berceau des arts, des lettres et des sciences en Occident; patrie du Dante, d'Améric Vespuce et des Médicis. Pise, (Pisa), à l'O. de Florence, aussi sur l'Arno; capitale d'une ancienne république détruite par les Florentins en 1406. Livourne, un des plus fameux ports de la Méditerranée. Sienne, au S. E. de Livourne; université célèbre.

*L'île d'*Elbe *ne dépend-elle pas de la Toscane?* — L'île d'Elbe (Ilva), située dans la Méditerranée, et où fut relégué Buonaparte, en 1814, appartient, depuis 1815, au grand-duché de Toscane, sur la côte duquel elle se trouve. Elle possède des carrières de fer, d'aimant et de marbre, et renferme une population de 13,700 âmes. Capitale : Porto-Ferrajo, au N.; 3 mille habitans.

ÉTATS DE L'ÉGLISE.

Quels sont les bornes, la population, la religion, le gouvernement et les divisions des États de l'Église?

ÉTATS DE L'ÉGLISE.

— Les États de l'Église, qui occupent le centre de l'Italie, sont bornés au N. par le royaume Lombard-Vénitien; à l'E. par les duchés de Modène et de Toscane et par la Méditerranée; au S. par le royaume de Naples, qui, avec la mer Adriatique, les borne aussi à l'E. Ils renferment une population de près de 2 millions et demi d'habitans, professant la religion catholique. Ils ont été rendus, en 1814, au pape, qui en avait été dépouillé en 1809. Ils se divisent en dix-huit provinces, dont la plupart portent les noms des villes qu'elles ont pour chefs-lieux.

Quelles sont les villes remarquables des États de l'Église? — Les villes les plus remarquables des États de l'Église sont: ROME (Roma), au S. sur le Tibre; capitale et résidence du pape. Cette ville, l'ancienne capitale du monde, est encore aujourd'hui, quoiqu'elle ait été saccagée six fois par les Barbares, une des plus fameuses de l'univers, et celle qui offre le plus de beaux monumens anciens et modernes. Population, 132 mille habitans. TIVOLI (Tibur), au N. E. de Rome, séjour délicieux, fameux par les cascades du *Teverone* (Anio). FERRARE (Forum Alieni), au N. des États de l'Église; capitale de l'ancien duché du même nom; patrie du cardinal Bentivoglio et du poëte Guarini. BOLOGNE (Bononia), au S. O. de Ferrare; très-belle ville; la plus fameuse université de l'Italie. 64 mille habitans. RAVENNE (Ravenna), au S. E. de Ferrare, à une lieue de la mer Adriatique, sur laquelle elle était autrefois située; ancienne résidence des rois visigoths. URBIN, au S. E. de Ravenne; patrie de Raphaël.

Où est située la petite république de SAINT-MARIN? — La petite république de Saint-Marin, qui renferme 7 mille habitans, et une capitale du même nom sur une montagne escarpée, est située au N. du duché d'Urbin dans lequel elle se trouve enclavée.

Le pape ne possède-t-il pas encore deux territoires

dans le royaume des Deux-Siciles? — Oui, le pape possède encore dans le royaume des Deux-Siciles, les duchés de Ponte-Corvo et de Bénévent, qui s'y trouvent enclavés.

ROYAUME DES DEUX-SICILES.

Quels sont les bornes, la population, la religion et le gouvernement du royaume des Deux-Siciles? — Le royaume des Deux-Siciles, composé de la partie méridionale de l'Italie et de la Sicile, avec quelques petites îles répandues sur ses côtes, est borné au N. O. par les États du pape, au N. E. et à l'E. par la mer Adriatique, au S. et à l'O. par la Méditerranée. Sa fertilité et la beauté de son ciel l'ont fait surnommer le paradis de l'Italie. Sa population est de 6 millions 766 mille habitans, dont 1 million 745 mille pour la Sicile. Ils professent la religion catholique. Le gouvernement est monarchique, et a pour chef un prince de la maison de Bourbon, qui demeura en Sicile pendant tout le temps que dura l'invasion de ses États par les Français.

Comment se divise la partie du royaume des Deux-Siciles, située sur le continent? — Toute la partie du royaume des Deux-Siciles qui se trouve sur le continent est partagée en quatre grandes provinces; savoir : l'*Abruzze*, au N., le long de la mer Adriatique; la *Terre de Labour*, sur la côte de la Méditerranée; la *Pouille*, au S. E. de l'Abruzze; et la *Calabre*, qui occupe toute la partie méridionale de l'Italie; chacune de ces provinces se subdivise en quatre autres. Nous parlerons ensuite de la Sicile divisée naturellement en trois vallées.

Quelles sont les principales villes de cette partie du royaume des Deux-Siciles? — Les principales villes du royaume des Deux-Siciles situées en Italie, sont : NAPLES (Neapolis), sur le golfe du même nom, capitale, surnommée *la Noble* et *la Gentille*; l'une des plus belles villes du monde, avec un bon port qui la rend très-commerçante. Population, 450 mille habitans. A peu de distance, au S. E., se trouve Portici, maison de plaisance, bâtie au pied du Vésuve, sur les ruines d'*Herculanum*. Aquila et Chieti (Teate), au N. dans les Abruzzes. Manfredonia, au N. E. de Naples, sur le golfe qui porte son nom. Bari (Barium), au S. E. de Manfredonia, ville forte, sur la mer Adriatique. Otrante (Hydruntum), au S. E. de Bari, sur le canal auquel elle donne son nom, et qui forme l'entrée de la mer Adriatique; archevêché. Tarente (Tarentum), sur le golfe auquel elle donne son nom. Venoza (Venusia). Cosenza (Consentia).

Quelles sont la position, les divisions et les villes remarquables de la Sicile? — La Sicile, située au S. de l'Italie, dont elle est séparée par le phare de Messine, a 70 lieues de long, sur environ 45 de large, et se divise en trois vallées, dans chacune desquelles se trouve un des trois caps qui lui avaient fait donner anciennement le nom de *Trinacrie*. Ses villes remarquables sont : PALERME (Panormus), au N. ; l'un des plus beaux ports de la Méditerranée; capitale de toute la Sicile, résidence du vice-roi ; archevêché. Population, 120 mille habitans. Messine (Messana), sur le détroit auquel elle donne son nom; capitale du Val-Demona. Noto, au S., capitale du Val de Noto. Syracuse (Syracusæ), au N. E. de Noto, port de mer; on y voit des ruines magnifiques.

Quelles sont les autres îles remarquables qui dépendent du royaume des Deux-Siciles. — Les autres îles qui dépendent du royaume des Deux-Siciles, sont: Les îles de Lipari (Vulcaniæ), situées au N. de la Sicile; elles sont au nombre de douze, dont la principale donne son nom au groupe, et a pour capitale une ville très-ancienne et très-forte, qui porte aussi le même nom, et qui fut ruinée par Barberousse, en 1544, et rebâtie par Charles-Quint. A l'entrée du golfe de Naples, Capri (Capreæ), séjour enchanteur, mais d'un difficile accès; avec une capitale du même nom. Ischia (Ænaria), qui renferme des mines d'or et d'argent, et une capitale du même nom.

Où est située l'île de Malte, *et quelle en est la capitale?* — L'île de Malte (Melita), située au S. de la Sicile, et ayant environ 20 lieues de circuit, appartient aujourd'hui aux Anglais. Elle est célèbre pour avoir été la demeure des chevaliers de Saint-Jean-de-Jérusalem, auxquels Charles-Quint la donna, en 1525, lorsqu'ils eurent été contraints d'abandonner Rhodes. Sa population, en y comprenant les petites îles de Gozo, de Comino et de Pentellaria, situées au N. et au N. O., et qui en dépendent, est de 160 mille habitans. Malte a pour capitale Cité-Lavalette, au N., ville très-forte avec un bon port.

TURQUIE D'EUROPE.

Quels sont les bornes, la population, la religion et le gouvernement de la Turquie d'Europe? — La Turquie d'Europe forme une grande presqu'île, bornée au N. par la Russie et l'Autriche; à l'O. par le royaume d'Illyrie, la mer Adriatique, le canal d'Otrante et la mer Ionienne; au S. par la Méditerranée, le détroit des Dardanelles et la mer de Marmara; et à l'E. par le canal de Constantinople et la mer Noire. Une grande partie des îles répandues dans l'Archipel appartient aussi à la Turquie d'Europe. La population de cet empire est d'environ 9 millions d'habitans, dont les deux tiers environ sont Grecs et suivent la religion grecque; et le reste se compose pour la plus grande partie de Turcs qui sont Mahométans de la secte d'Omar. Son gouvernement est despotique, et a pour chef le *Sultan*, appelé quelquefois aussi le *Grand-Turc*.

Comment se divise la Turquie d'Europe? — La Turquie d'Europe se divise en 12 provinces; savoir :

la *Moldavie* et la *Valachie* (ancienne Dacie), la *Bulgarie* et la *Servie* (ancienne Mæsie); la *Bosnie*, comprenant la partie de la *Croatie* qui appartient à la Turquie; *l'Albanie* (Illyrie et Épire), la *Macédoine*, la *Roumélie* (ancienne Thrace), le pachalik de *Janina* (ancienne Thessalie), la *Livadie* (ancienne Thrace), la *Morée* (ancien Péloponèse); enfin les *Iles* qui en dépendent, et qui occupent, comme nous l'avons dit, toute la partie septentrionale et occidentale de l'Archipel.

Quelles sont les principales villes des provinces septentrionales et occidentales de la Turquie d'Europe ? — Les principales sont : Iassi, capitale de la Moldavie, résidence du gouverneur nommé par le Sultan, à l'E. de la province. Targovist, capitale de la Valachie, au centre. Bucharest, au S. E. de Targovist; résidence du gouverneur pour les Turcs. Sophie, au S. O., capitale de la Bulgarie, et cependant résidence du pacha de la Romanie. Belgrade, au confluent du Danube et de la Save, ville forte, capitale de la Servie. Scutari (Scodra) au S., sur le lac du même nom, grande ville, capitale de l'Albanie; résidence du pacha et d'un évêque catholique romain. Parga, au S. E.; les habitans de cette ville ont été transportés à Corfou par les Anglais, afin de les soustraire à la fureur des Turcs, contre lesquels ils s'étaient révoltés.

Quelles sont les principales villes des provinces orientales et méridionales de la Turquie d'Europe ? — Les principales villes sont : CONSTANTINOPLE, sur le détroit de son nom, fondée par Constantin, dans la position la plus belle et la plus avantageuse de l'univers, avec un port immense, et l'un des plus sûrs de l'Europe; prise en 1453, par Mahomet, qui en fit la capitale de son empire. Population, 500 mille habitans. Andrinople, au N. O. de Constantinople, sur le Marissa; elle a été le séjour des sultans.

Salonique (Thessalonica), au S. O., sur le golfe de ce nom; ville considérable et très-commerçante, peuplée de 60 mille habitans.. Larissa, sur le Salampria, au S., archevêché. Cette ville passe pour la capitale de la province, quoiqu'elle ne soit point la demeure du pacha qui réside à Janina, au N. O., dans une île, au milieu d'un lac; devenue célèbre dans ces derniers temps par la révolte et par la mort du fameux pacha Ali. Livadia (Lebadea), au S. O. du lac du même nom, capitale de la Livadie. Lépante, au S. O. de Livadia; ville très-forte, sur le golfe du même nom, dans lequel don Juan d'Autriche remporta une fameuse victoire sur la flotte des Turcs, en 1571. Sétine (ancienne Athènes), au S. E. de Livadia, l'une des villes les plus considérables de la Livadie. Tripolitza, à peu près au centre, près des ruines de Mantinée, capitale de la Morée. Napoli de Romanie, au N. E. de Tripolitza; ville très-forte avec un bon port. Misitra, au S. E. de Tripolitza; à une lieue et demie se trouvent les ruines de l'ancienne Sparte.

Iles qui dépendent de la Turquie d'Europe.

Où sont situées les îles qui dépendent de la Turquie d'Europe, et comment se divisent-elles? — Les îles qui dépendent de la Turquie d'Europe sont répandues dans tout l'Archipel, et se composent de deux grandes îles et d'un nombre assez considérable de petites, qui peuvent se diviser en *îles du nord de l'Archipel* et *Cyclades.*

Quelles sont les deux grandes îles de la Turquie d'Europe? — Les deux grandes îles de la Turquie d'Europe sont, 1° Candie (ancienne Crète), au S. de l'Archipel, d'environ 200 lieues de tour, et peuplée de 240 mille habitans. Cette île, la plus grande de l'ancienne Grèce, appartient aux Turcs depuis 1669, et a pour villes principales : Candie, port, sur la côte septentrionale; capitale de l'île; archevêché grec. Population, 12 mille habitans. *La Canée*, à l'O., place forte, résidence d'un pacha. 2° Négrepont (ancienne Eubée), sur la côte orientale de la Livadie, dont elle est séparée par le détroit de Négrepont (ancien Euripe), célèbre par la singularité de son flux et de son reflux, et couvert, aujourd'hui comme dans l'antiquité, d'un pont, dans sa partie la plus resserrée, où il n'a pas plus de 50 pas de largeur. L'île a environ 120 lieues de circuit, et fut prise sur les Vénitiens par les Turcs, en 1469. Capitale : Négrepont ou Egripo, sur le détroit; résidence du capitan-pacha ou amiral turc.

Quelles sont les petites îles du nord de l'Archipel qui dépendent de la Turquie d'Europe ? — Les petites îles du nord de l'archipel sont : 1° Tasso (ancienne Thassos), Samotraki (ancienne Samothrace), Imbro (Imbros), Stalimène (Lemnos), avec des capitales du même nom. 2° Les îles Sélidromi, au S. O., et Skiro (ancienne Scyros), à l'E.

Quelles sont les principales îles Cyclades? — Les Cyclades, ainsi appelées d'un mot qui signifie *cercle*, parce que les anciens croyaient qu'elles étaient rangées en cercle autour de l'île de Délos, aujourd'hui Sdili, si célèbre par le culte d'Apollon, occupent tout le sud de l'Archipel. Les plus remarquables sont: 1° Andro (Andros, à la pointe S. E., de Négrepont; 2° Tino (Tinos), au S. E. très-bien cultivée et produisant beaucoup de soie ; 3° Myconi (Myconos); 4° Syra (Scyros); 5° Naxie (Naxos), au S. E., et dont les habitans forment une espèce de république; 6° Paros, à l'O.; 7° Amorgo (Amorgos), au S. E.; 8° Santorin (Thera), au S.; 9° Milo (Melos), à l'O., qui possède un des meilleurs ports de la Méditerranée ; presque toutes ces îles ont des capitales qui portent les mêmes noms. On peut encore y joindre les îles suivantes situées sur la côte de la Morée; savoir : Colouri (ancienne Salamine); Engia (ancienne Égine); et Hydra (Hydrea), dont les habitans, les plus habiles marins de l'Archipel, sont les ennemis les plus redoutables des Turcs, dans la guerre que leur font en ce moment les Grecs pour se soustraire à leur domination.

ÎLES IONIENNES.

Quelles sont les îles appelées Îles Ioniennes, *ou la république des Sept-Îles?* — Les îles Ioniennes, ou la république des Sept-Îles, se composent de sept îles situées sur la côte occidentale de l'ancienne Grèce. Après avoir successivement appartenu aux Vénitiens, aux Turcs, aux Russes et aux Français, elles forment aujourd'hui un État prétendu indépendant, mais réellement sous la domination de l'Angleterre. Ces sept îles sont : Cérigo (ancienne Cythère), au S. de la Morée; Zante (ancienne Zacinthe), à l'O. de la Morée; elle a environ 30 lieues de tour, et 45 mille habitans; Céphalonie (Cephalonia), au N. O. de Zante; elle a environ 60 lieues de circuit et 60 mille habitans; Théaki (ancienne Ithaque), au N. E. de Céphalonie; Sainte-Maure (Leucadie), au N. des précédentes, séparée du continent par un canal de 500 pas, sur lequel on a construit un pont; Paxo (Paxos), très-petite, au N. O. de la précédente; chef-lieu : *Porto-Gai*; Corfou (Corcyre), au N. O.; elle a environ 40 lieues de circuit et 60 mille habitans. Toutes ces îles, à l'exception de Paxo, ont des capitales qui portent les mêmes noms.

ASIE.

Quelles *sont les bornes et la population de l'Asie ?* — L'Asie, la plus grande des cinq parties du monde et la plus riche par ses productions, est bornée au N. par l'Océan Glacial Arctique; à l'O. par le fleuve Kara, les monts Poyas, les monts Ourals, le fleuve Oural, la mer Caspienne, le Caucase, la mer Noire, le détroit de Constantinople, la mer de Marmara, le détroit des Dardanelles, l'Archipel, la Méditerranée, l'isthme de Suez et la mer Rouge; au S. par la mer des Indes; et à l'E. par le grand Océan, qui la sépare de l'Amérique. Elle a environ 1,740 lieues de l'O. à l'E., et 1,550 du N. au S. Sa population est mal connue, et a été fort exagérée : elle paraît être de 300 à 350 millions d'habitans.

En combien de parties principales peut-on diviser l'Asie ? — L'Asie peut se diviser en neuf parties principales; savoir : la *Sibérie* ou *Russie d'Asie*, au N.; la *Turquie d'Asie* et l'*Arabie*, à l'O.; la *Perse*, la *Tatarie Indépendante*, le *Royaume de Caboul* avec le *Béloutchistan*, au centre; les *deux-Indes*, au S.; la *Chine*, à l'E., et les *Iles* du *Japon*, dans le grand Océan.

Quels sont les principaux Golfes *de l'Asie?* — Les principaux golfes de l'Asie sont : le *Golfe Persique*, au S. O., entre la Perse et l'Arabie; celui du *Bengale* (anciennement du Gange), entre les deux Indes; ceux de *Siam* et de *Tonquin* dans la presqu'île orientale de l'Inde; ceux d'*Anadir*, au N., de l'*Obi* et de *Kara*, au N. O. de la Sibérie.

Quels sont les principaux Détroits *de l'Asie?* — Les principaux détroits de l'Asie sont : ceux de *Bab-el-Mandeb*, au S. O., qui unit la mer Rouge à la mer d'Arabie; d'*Ormus*, au N. E. du précédent : il unit le golfe Persique à la mer des Indes; de *Behring*, au N. E., entre l'Asie et l'Amérique.

ASIE. 87

Quels sont les principaux Lacs *de l'Asie?* — Les principaux lacs de l'Asie sont, outre la mer Caspienne dont nous avons parlé : le lac *Asphaltite* ou la *mer Morte*, dans la Palestine, de 60 à 70 lieues carrées ; le lac d'*Aral*, à l'E. de la mer Caspienne : il couvre 1,280 lieues carrées ; le lac de *Zéré*, dans la Perse : étendue, 140 lieues carrées ; le lac *Baïkal*, au S. de la Sibérie ; le lac *Kokonor*, au N. E. du Thibet : il a 240 lieues carrées de surface.

Quelles sont les Presqu'îles *les plus remarquables de l'Asie?* — Les presqu'îles les plus remarquables de l'Asie sont au nombre de sept, dont quatre grandes et trois moins considérables. Les grandes sont : l'*Anatolie* (ancienne Asie-Mineure), entre la mer Noire, au N.; le canal de Constantinople, la mer de Marmara, le détroit des Dardanelles et l'Archipel, à l'O.; et la Méditerranée, au S.; l'*Arabie*, entre la mer Rouge, à l'O., le détroit de Bab-el-Mandeb, le golfe d'Aden et la mer des Indes, au S. le détroit d'Ormus, et le golfe Persique, à l'E.; l'*Indoustan* (ancienne Inde en-deçà du Gange), entre le golfe d'Oman, à l'O., celui de Manar, au S. et celui de Bengale, à l'E.; la *Presqu'île Orientale de l'Inde* (ancienne Inde au-delà du Gange), entre le golfe du Bengale, à l'O., et la mer de la Chine, au S. E. et à l'E.

Les trois presqu'îles moins considérables sont : celle de *Malacca*, entre le détroit de ce nom, au S. O., et le golfe de Siam, au N. E. : elle est unie au continent par l'isthme de Kraon ; la *Corée*, entre la mer Jaune, à l'O., et celle du Japon, à l'E.; le *Kamtschatka*, entre la mer d'Ochotsk, au S. O., et celle de Béhring, au N. E.

Quels sont les principaux Caps *de l'Asie?* — Les principaux caps de l'Asie sont : les caps *Aden*, *Farstash*, *Rasalgate*, *Muscandon*, dans l'Arabie ; le cap *Comorin*, qui termine la chaîne des Gattes à l'extrémité S. de l'Indoustan ; les caps *Est*, sur le détroit de Béhring, et *Severo-Vostochnoi*, le plus septentrional de la Sibérie.

Quelles sont les principales Montagnes *de l'Asie?* — Les principales montagnes de l'Asie sont : le *Caucase*, situé entre la mer Noire et la mer Caspienne, et qui semble maintenant appartenir plutôt à l'Europe qu'à l'Asie?

Le *Liban*, l'*Anti-Liban*, qui traversent du N. au S. une partie de la Syrie et de la Palestine ; et le *Sinaï*, entre les deux bras de la mer Rouge.

Le *Taurus*, l'*Ararat*, les monts *Elwend*, l'*Elbourz*, le *Paropamise*, les monts *Bélour*, *Mustag* (ancien Imaüs), et *Himmalaya*, formant une immense chaîne qui se prolonge depuis les côtes méridionales de l'Anatolie jusqu'aux extrémités de l'Asie, à travers la Perse, le Caboul, la Tatarie et

Thibet, où se trouvent les plus hautes montagnes du globe; parmi lesquelles le *Dhawala-Giri* ou Mont-Blanc atteint la hauteur de 4390 toises. Des monts *Bélour* part la chaîne des monts *Altaï*, qui traversent la Calmoukie, et se prolongent jusqu'aux extrémités N. E. de l'Asie. Une autre chaîne descend au S. former les *Gattes*, qui suivent la côte occidentale de l'Indoustan.

Quels sont les principaux FLEUVES *de l'Asie?* — Les principaux fleuves de l'Asie sont: en Sibérie: le *Léna*, l'*Ienissei* et l'*Obi*, qui la traversent du S. au N., et se jettent dans l'Océan Glacial Arctique après plus de 750, 560 et 500 lieues de cours; l'*Oural*, qui sépare l'Europe de l'Asie et coule au S. dans la mer Caspienne.

Dans la Turquie: l'*Euphrate* et le *Tigre*, qui en arrosent la partie orientale du N. au S., se réunissent près de Bassora, et se rendent dans le golfe Persique par plusieurs embouchures.

Dans l'Indoustan: le *Sind* (Indus), qui arrose la partie occidentale du N. E. au S. O. et se jette dans le golfe d'Oman; le *Gange*, qui coule du N. O. au S. E., et se perd dans le golfe de Bengale; et le *Bramapouter*, qui, après avoir arrosé le Thibet de l'O. à l'E., tourne au S. O., et vient se jeter dans le même golfe.

Dans l'empire Birman: l'*Araouaddy*, composé de deux branches distinguées par les noms d'occidentale et d'orientale, qui sortent toutes deux des montagnes du Thibet et se rendent dans le golfe de Martaban, à l'E. de celui du Bengale.

Dans le royaume de Siam: le *Ménam*, qui coule du N. au S. et se jette dans le golfe de Siam.

Dans le royaume d'Anam: le *Mei-cong ou Camboge*, qui sort aussi des montagnes du Thibet, et coulant du N. O. au S. E., va se perdre dans la mer de la Chine, après un cours de près de 700 lieues.

Dans l'empire chinois: le *Yentse-Kian* ou fleuve bleu, et le *Hoang-Ho* ou fleuve jaune, qui sortent aussi des montagnes du Thibet, et vont, à l'E., se perdre dans les mers Bleue et Jaune, le premier après plus de 800 lieues, et le second après plus de 700 lieues de cours; enfin l'*Amour* ou *Saghalien*, qui coule, du S. O. au N. E., à travers la Mongolie et la Mantchourie, et se jette dans la Manche de Tatarie, après un cours de 650 lieues.

SIBÉRIE.

Quelles sont la position, les bornes et la population de la SIBÉRIE? — La Sibérie ou Russie d'Asie occupe toute la partie septentrionale de l'Asie, dans une longueur de 1,300 lieues, de l'O. à l'E., sur 500 de largeur, du N. au S. Elle est bornée au N. par l'Océan Glacial Arctique, à l'O. par le fleuve Kara, les monts Poyas et Ourals, qui la séparent de la Russie d'Europe, au S. par la Tatarie, la Mongolie et la Mantchourie; et à l'E. par le grand Océan, et le détroit de Béhring. La population de cette immense contrée, dont la partie méridionale est assez fertile, est loin de répondre à son étendue; on la porte au plus à 4 ou 5 millions d'habitans, à cause des marais inaccessibles qui couvrent tout le nord, et des vastes déserts, nommés *Steppes*, qui en occupent la plus grande partie, et dans lesquels errent seulement quelques tribus nomades.

Comment se divise la Sibérie, et quelles en sont les villes principales? — La Sibérie se divise en trois grands gouvernemens subdivisés en plusieurs provinces; savoir: celui de *Tobolsk*, à l'O., de *Tomsk*, au centre, et d'*Irkoutsk*, à l'E. Chacun de ces gouvernemens a pour capitale une ville du même nom; la dernière est la plus considérable de toute la Sibérie et l'entrepôt du commerce qui se fait par caravanes avec la Chine. On peut ajouter à ces trois villes celles de Jenissei, sur le fleuve du même nom; Nertchinsk, dans les environs de laquelle se trouvent des mines d'argent où l'on fait travailler les exilés de Russie; Iakoutsk, sur la rive gauche du Léna, et au centre de la contrée occupée par les *Iakoutes*, qui paraissent descendre des Tatares; Ochotsk, chantier de construction, sur la mer à laquelle elle donne son nom; Saint-Pierre et Saint-Paul, port au S. du Kamtschatka. Le commerce des fourrures, le principal de la Sibérie, rend presque toutes ces villes assez importantes.

Quelles sont les îles qui dépendent de la Sibérie? — Les îles qui dépendent de la Sibérie sont: 1° la Nouvelle Sibérie et les îles Liaikhof, découvertes par le navigateur de ce nom, au N. de l'embouchure du Léna. 2° Les îles ALEUTIENNES ou îles aux *Renards*, qui forment une chaîne qui va de la côte du Kamtschatka à la pointe N. O. de l'Amérique. Elles furent découvertes, en 1756, par les Russes, qui en tirent de belles fourrures. 3° Les KURILES, autre chaîne de 21 petites îles, dont 14 seulement sont habitées; elles s'étendent de la pointe S. du Kamtschatka aux îles du Japon, et appartiennent en partie à la Russie, et en partie au Japon.

TURQUIE D'ASIE.

Quelles sont les bornes et la population de la TURQUIE D'ASIE? — La Turquie d'Asie est bornée au N. par le Caucase et la mer Noire, au N. O. par le détroit de Constantinople et la mer de Marmara, à l'O. par le détroit des Dardanelles et l'Archipel, au S. par la Méditerranée et l'Arabie, et à l'E. par la Perse. Sa population s'élève à plus de 10 millions d'habitans.

Comment se divise la Turquie d'Asie? — La Turquie d'Asie se divise en sept parties principales, savoir : l'*Anatolie*, à l'O. ; la *Syrie* avec la *Palestine*, au S. O. ; l'*Arménie*, le *Kurdistan*, le *Diarbeck*, l'*Irak-Arabi*, à l'E., et les *îles* répandues dans les mers qui l'entourent. Chacune de ces provinces se subdivise, en outre, en plusieurs *pachaliks* gouvernés par des pachas que leur éloignement plus ou moins grand du centre de l'empire rend presque indépendans, et qui sont souvent en guerre entre eux.

*Quelles sont les principales villes de l'*ANATOLIE? — Les principales villes de l'Anatolie ou *Anadouly*, la province la plus occidentale de la Turquie d'Asie, sont : SMYRNE ou ISMIR, au S. O., au fond du golfe de son nom, sur l'Archipel ; capitale de l'Anatolie ; une des villes les plus belles et les plus considérables de l'Asie et le centre du commerce du Levant, quoiqu'elle ait été ruinée dix fois par les tremblemens de terre, et qu'elle soit souvent dévastée par la peste. Population, 120 mille habitans. Bruse (ancienne Prusa), au N. E. de Smyrne; grande ville qui fait un commerce considérable de soie brute. C'est dans ses environs que Tamerlan remporta sur Bajazet une victoire qui coûta la vie à 400 mille hommes. Scutari, port sur le détroit, vis-à-vis Constantinople, dont elle est comme un faubourg. Angora ou Angouri (Ancyre), au S. E. de Bruse; siège d'un archevêque grec. Tamerlan y vainquit et y fit prisonnier Bajazet, le 7 août 1461. La finesse du poil de ses chèvres fait sa prospérité. Population, 80 mille habitans. A l'E. de cette ville est celle d'Ieuzgatt, résidence d'un prince puissant, qui ne reconnaît qu'à peine la suzeraineté de la Turquie. Konieh (Iconium), au S. O. d'Angora, et à peu près au centre de l'Anatolie; résidence d'un pacha et autrefois des sultans du pays de Roum. Kaisarieh (Césarée), au N. E. de Konieh; grande ville. Siwas (Sebaste), au S. E. d'Ieuzgatt; chef-lieu d'un pachalik, qui a conservé le nom de *pays de Roum*. Tokat, dans le même pachalik; une des villes les plus commerçantes de l'Anatolie. Trébisonde ou Tarabesoun, au N. E. de Tokat; port sur la mer Noire: elle est la résidence d'un pacha; et, quoique bien déchue de son ancienne splendeur, elle est encore très-considérable.

Quelles sont les villes principales de la Syrie? — La Syrie, située sur la côte orientale de la Méditerranée, a pour villes principales : Alep, au N., la plus grande ville de la Turquie d'Asie, et la plus importante par ses richesses et son commerce. Population, 150 mille habitans. Au N. O. de cette ville se trouve *Alexandrette*, qui en est comme le port. Le climat de cette dernière ville est presque mortel. Latakié (ancienne Laodicée), l'une des villes les plus commerçantes de cette côte. Seyde (ancienne Sidon), et Acre ou Saint-Jean-d'Acre (Aco), sur la Méditerranée, dans le pachalik de ce nom, qui renferme l'ancienne

Phénicie et l'ancienne Galilée. La dernière fut célèbre du temps des Croisades, et fut assiégée inutilement par les Français, en 1799. HAMA, sur les bords de l'Oronte, dans une position charmante, presque entièrement peuplée d'Arabes; elle dépend du pachalik de Damas, et renferme de 80 à 100 mille habitans. DAMAS, à l'E. de Seyde, dans une vallée délicieuse; célèbre par ses fabriques de sabres, et florissante par son commerce; peuplée de 100 mille habitans.

Dans les montagnes du Liban et de l'Anti-Liban habitent les deux peuplades indépendantes des *Maronites*, qui sont catholiques romains, et des *Druses*, dont l'origine paraît remonter à une très-haute antiquité.

Quelles sont les principales villes de la PALESTINE? — L'ancienne Palestine, comprise dans les pachaliks de Saint-Jean-d'Acre et de Damas, renferme les villes de JÉRUSALEM, au S. E. de Jaffa; cette ville, qui n'est plus que l'ombre de ce qu'elle a été, mais qui rappelle de si grands souvenirs, est toujours visitée par un grand nombre de pèlerins. Sa population est d'environ 20 mille âmes. JAFFA (Joppe), au S. O. de Saint-Jean-d'Acre, est dans le même pachalik; port où débarquent les pèlerins qui se rendent à la Terre-Sainte. Les Français s'en rendirent maîtres en 1799. NAZARETH, au N. de Jérusalem, est célèbre, dans les temps modernes, par une victoire remportée par les Français en 1779.

Quelles sont les principales villes des provinces orientales de la Turquie d'Asie? — Les principales villes des provinces orientales de la Turquie d'Asie sont: ERZÉROUM, au S. E. de Trébisonde; capitale de l'*Arménie*, la plus septentrionale de ces provinces, et dont les habitans sont chrétiens, mais non catholiques. BETLIS, au S. E., ville très-forte et très-populeuse, qui passe pour la capitale du *Kurdistan* (ancienne Assyrie), province située au S. de l'Arménie et appartenant partie à la Turquie et partie à la Perse. Les Kurdes, au nombre de 240 mille, toujours armés, ne dépendent des Turcs et des Persans que de nom, mènent une vie errante, et font souvent des incursions dans les provinces environnantes. DIARBÉKIR ou AMID, sur le Tigre, à l'O. de Betlis, capitale du *Diarbeck* (ancienne Mésopotamie). MOSSOUL, très-florissante par son commerce. BAGDAD, sur la rive gauche du Tigre, ancienne résidence des califes; capitale de l'*Irak-Arabi* (ancienne Babylonie); elle renferme 80 mille habitans. BASSORA, qui, à la fin du siècle dernier, était le centre du commerce de l'Europe et de l'Asie.

Quelles sont les principales îles de l'Archipel, qui dépendent de la Turquie d'Asie? — Les plus remarquables sont : TÉNÉDOS, la clef du détroit des Dardanelles, avec une capitale du même nom et un bon port. MÉTELIN (ancienne Lesbos), île très-fertile et bien peuplée; capitale, *Castro*. SCIO (Chios), au S. de Mételin, l'un des domaines de la sultane-mère; elle jouissait d'une sorte de prospérité, et renfermait 110 mille habitans, dont 30 mille dans sa capitale, qui porte le même nom, avant les désastres qui l'ont accablée en 1822. Elle produit d'excellens vins. SAMO (Samos), au S. E. de Scio, extrêmement fertile, capitale *Gora*. NICARIA (ancienne Icare), au S. O. de Samo; riche en bois de construction, et habitée par un petit nombre de Grecs, très-pauvres et très-fiers, qui prétendent descendre des Constantins, empereurs de Constantinople. STAN-CO (Cos), au S. E. de Nicaria, et l'une des meilleures îles de l'Archipel, avec une capitale du même nom; elle fournit beaucoup de *pierres à aiguiser*.

Quelles sont les autres îles remarquables qui dépendent de la Turquie d'Asie? — Les autres îles remarquables de la Turquie d'Asie sont : 1° Dans la mer de *Marmara*, l'île qui lui a donné son nom, qu'elle doit elle-même au beau marbre qu'on en tire ; 2° dans la Méditerranée, Rhodes, autrefois fameuse par son colosse, mais plus encore par la résidence des chevaliers de Saint-Jean-de-Jérusalem, auxquels Soliman l'enleva, en 1523, après la plus héroïque résistance de leur part. Sa capitale, portant le même nom, et située sur le penchant d'une colline, est une des meilleures forteresses des Turcs. Chypre, au S. E., la plus grande des îles de la Turquie d'Asie. Cette île, qui renfermait autrefois neuf royaumes, fut conquise par le roi Richard, dans le déclin de l'empire d'Orient, et vendue par lui à la maison de Lusignan, qui venait de perdre le trône de Jérusalem (*) ; elle appartient aux grands-visirs de Turquie : elle renferme 83 mille habitans, et a pour capitale *Nicosie*, ville grande et forte, ancienne résidence des rois, et aujourd'hui de l'intendant turc ; siége d'un archevêque grec.

ARABIE.

Quels sont les bornes et les habitans de l'Arabie?— L'Arabie, l'une des grandes presqu'îles dont nous avons parlé, est bornée au N. par l'Irak-Arabi, le Diarbeck et la Syrie. Les habitans de ce pays, au nombre de 10 à 12 millions, sont braves et hospitaliers, quoique portés à la tromperie et au brigandage. Les *Wahabites*, qui tirent leur nom de *Wahab*, dont le fils fut le chef d'une secte qui prétend réformer la religion mahométane, sont aujourd'hui le peuple le plus puissant de l'Arabie, qu'ils ont soumise presqu'entièrement. Plusieurs tribus errantes, nommées les *Bédouins*, n'ont d'autre métier que de piller les voyageurs. Leurs chevaux, qu'ils prétendent issus de ceux qui peuplaient les écuries du roi Salomon, et dont ils

---

(*) Un duc de Savoie ayant épousé l'héritière de la maison de Lusignan, les rois de Sardaigne ont conservé des prétentions sur les royaumes de Chypre et de Jérusalem.

conservent la race avec beaucoup de soin, ont une grande réputation,

Comment se divise l'Arabie? — L'ancienne division de l'Arabie, en Arabie *Pétrée*, *Déserte* et *Heureuse*, que l'on suit encore quelquefois, est inconnue dans le pays, que nous diviserons en sept parties; savoir: le *désert de Sinaï*, situé entre les deux golfes formés par la mer Rouge à son extrémité septentrionale, et qui n'est remarquable que par son antique célébrité; il contient environ mille habitans. L'*Hedjaz*, le long de la côte de la mer Rouge; le *Nedjed*, à l'E. de l'Hedjaz; l'*Hajar*, entre le Nedjed et le golfe Persique; l'*Oman*, au S. de ce même golfe; l'*Hadramaut*, au S. E. de l'Arabie, enfin l'*Yémen*, qui en occupe toute la partie méridionale.

Quelles sont les principales villes de l'Hedjaz?— L'Hedjaz, qui renferme le *Beled-el-Haram*, ou la terre sainte des mahométans, a pour villes principales: Médine (Iatrippa), au N., célèbre par une magnifique mosquée, où l'on voit le tombeau de Mahomet, fameux imposteur, qui osa fonder une nouvelle religion, qu'il propagea les armes à la main, et qui se répandit en peu de temps dans une grande partie de l'ancien continent devenu la proie des Arabes. Cette ville fut prise et pillée, en 1803, par les Wahabites. Elle a pour port *Jambo*, sur la mer Rouge. La Mecque (Macoraba), au S. E. de Médine; capitale du Beled-el-Haram, patrie et résidence de Mahomet, et lieu d'un fameux pèlerinage pour les mahométans. Il s'y tient tous les ans une foire où se rassemblent plus de 100 mille marchands. Djedda, sur la mer Rouge, peut en être regardé comme le port.

Quelles sont les villes remarquables des autres contrée de l'Arabie? — Les autres villes remarquables de l'Arabie, sont: Lahsa, ville principale de l'Hajar, auquel elle donne quelquefois son nom. Rostak, au S. E., dans l'Oman, est la résidence de l'*Iman*, le prince le plus puissant de ce pays, dans lequel on trouve encore la ville de Maskate, bien plus connue des Européens, et l'entrepôt du commerce de l'Arabie, de la Perse et des Indes. Le climat en est fort malsain. Doan, grande ville de l'intérieur de l'Hadramaut. Keschin, sur la côte du même pays. Sana, capitale de l'Yémen, la contrée la plus fertile et la plus riche de l'Arabie, et au S. de laquelle se trouve Moka, bon port à l'entrée de la mer Rouge; ville très-commerçante et fameuse par son café.

Quelles sont les îles qui dépendent de l'Arabie? — Les principales îles qui dépendent de l'Arabie, sont : 1° Dans le golfe Persique, celles d'Arad et de Baharein, fameuses par la riche pêche des perles qui s'y fait pendant l'été. La dernière a une capitale assez grande et bien peuplée, nommée *Manama*; 2° dans la mer d'Arabie, Socotora, vis-à-vis le cap Fartash, en Afrique.

PERSE.

Quels sont les bornes, la population, la religion et le gouvernement de la Perse ? — La Perse ou *Iran*, aujourd'hui bien déchue de ce qu'elle était autrefois, est bornée au N. par la Tatarie Indépendante, la mer Caspienne et la Géorgie; à l'O. par la Turquie d'Asie et le golfe Persique, qui, avec le détroit d'Ormus, la borne aussi au S.; et à l'E. par le Béloutchistan et le royaume de Caboul. Elle renferme 6 à 8 millions d'habitans qui sont mahométans de la secte d'Ali. Ce pays est gouverné par un prince qui porte le titre de *Schah*.

Comment se divise la Perse, et quelles en sont les villes principales ? — La Perse est divisée en provinces, autrefois au nombre de dix-huit, mais réduites aujourd'hui à treize par les démembremens qu'elle a éprouvés; ses villes remarquables sont : TÉHÉRAN, au N., nouvelle capitale de la Perse, résidence du souverain. Population, 50 mille habitans. Ispahan, au S. E. de Téhéran, capitale de l'Irak-Adjémi, et ancienne capitale de la Perse, dont elle est encore la ville la plus considérable. Population, 200 mille habitans. Tauris, au N. O. de Téhéran, capitale de l'Adjerbidjan ou pays du feu, et ancienne résidence des rois de Perse, ville considérable et très-commerçante. Schiraz, au S. E. d'Ispahan, capitale du Farsistan, dans une vallée délicieuse: elle est célèbre par son vin, et a produit les meilleurs poëtes de l'Asie. Au N. O. se trouvent les ruines de *Persépolis*.

Quelles sont les principales îles du golfe Persique, qui dépendent de la Perse? — Les principales îles du golfe Persique qui dépendent de Perse, sont: Kirmiz, célèbre par la pêche des perles; Ormus, qui renfermait jadis une ville opulente, mais qui n'est plus qu'un rocher stérile; Kenn, où les Anglais viennent de fonder un nouvel établissement.

TATARIE INDÉPENDANTE.

Quelles sont les bornes, la population et les divisions de la Tatarie Indépendante? — La Tatarie Indépendante est comprise entre la Russie, au N., la mer Caspienne, à l'O., la Perse et le royaume de Caboul, au S., et les pays regardés comme tributaires de la Chine, à l'E. On évalue sa population à environ 5 millions d'habitans presque tous nomades. Ce vaste pays, dont la moitié est occupée par des déserts, se divise en cinq parties principales, dont trois occupent la partie septentrionale et centrale de la Tatarie Indépendante, et deux la partie méridionale.

Quels sont les pays qui occupent le nord et le centre de la Tatarie? — Ces pays, au nombre de trois, sont: 1° Le pays des Kirguises, qui vivent du produit de leurs troupeaux et de brigandages. Ils n'ont pas de villes remarquables et sont divisés en trois hordes : la *petite*, à l'O., la *moyenne*, à l'E., et la *grande*, au S. Les deux premières sont regardées par les Russes comme tributaires ; 2° la Turcomanie, qui occupe toute la côte orientale de la mer Caspienne ; 3° le Turkestan, au S. de la grande horde des Kirguises. C'est de ce pays que sont sortis les Turcs. Il est, ainsi que le précédent, soumis à des princes kirguises.

Quels sont les pays qui occupent la partie méridionale de la Tatarie ? — Ces pays, au nombre de deux, sont : 1° la Kowaresmie, située au S. du lac d'Aral, et divisée en deux états : celui de Khiwa, avec une capitale du même nom, et 200 mille habitans ; et celui des Usbecks-Araliens, au nombre de 100 mille, possédant à l'embouchure du Gihon, dans le lac d'Aral, un vaste camp retranché nommé Kourat ; 2° la Grande-Bukarie, ou pays des Usbecks, qui renferme les plus belles provinces de la Tatarie, et particulièrement la riche vallée de *Sogd*, traversée par la rivière du même nom, sur les bords de laquelle se trouvent : Samarcand, qui passait pour la capitale de la Grande-Bukarie ; Bukara, ville commerçante, qui a souvent disputé le titre de capitale à Samarcand, et aujourd'hui la résidence du khan.

ROYAUME DE CABOUL.

Quels sont les bornes, les divisions et la population du royaume de Caboul ? — Cette puissante monarchie, qui s'est élevée depuis un petit nombre d'années, entre la Grande-Bukarie et le Petit-Thibet, au N., la Perse, à l'O., l'Indoustan, au S. E., et le Béloutchistan, au S., a remplacé l'empire des Afghans, fondé en 1750. Elle se compose de provinces enlevées à la Perse et à l'Indoustan, et du S. de la Grande-Buckarie. Elle renferme environ 10 millions d'habitans. Les Afghans sont divisés en tribus nommées

Ouloufs, et gouvernées par des khans ordinairement nommés par le roi, qui est lui-même khan de la tribu de *Dourannie*, la plus nombreuse, la plus brave, la plus civilisée. Ils sont mahométans.

Quelles sont les principales villes du royaume de Caboul? — Les principales villes du royaume de Caboul sont : CABOUL, au N., jolie ville, résidence d'été du souverain, entrepôt du commerce entre la Perse, la Bukarie et l'Indoustan. CANDAHAR (Alexandria ad Paropamisum), au S. O. de Caboul, florissante par son commerce, et ancienne capitale des Afghans. HÉRAT (Alexandria), au N. O. de Candahar, capitale du Khorassan oriental, ville très-commerçante, dans un pays extrèmement fertile, et gouvernée par un des frères du souverain. Population, 100 mille habitans. BALK (Bactra), au N. O. de Caboul, capitale de la partie de la Grande-Bukarie, qui fait maintenant partie du royaume de Caboul. PESHAVUR, à l'E. de Caboul, grande ville, capitale d'une riche province, résidence d'hiver des rois. Population, 100 mille habitans.

BÉLOUTCHISTAN.

Quelles sont les bornes, les divisions, et les villes principales du BÉLOUTCHISTAN? — Le Béloutchistan est un pays fort peu connu, borné au N. par le Caboul, à l'O. par la Perse, au S. par le golfe d'Oman, et à l'E. par l'Indoustan ; il se compose de l'ancienne province persane du Mékran et de quelques autres contrées enlevées à la Perse et à l'Inde. Il a pour villes principales : KHÉLAT, au N., E. capitale du district de ce nom, et résidence du khan. TIZ (Tisa), port sur le golfe d'Oman : on en exporte de la soie, du coton et des schals. TATTA, sur la branche occidentale du Delta formé par le Sind (ancienne île Patalène), ville manufacturière et grande école indoue ; capitale de la province de Sindy, attribuée par quelques voyageurs au Béloutchistan, et regardée par d'autres comme un pays indépendant.

INDOUSTAN,

OU PRESQU'ÎLE OCCIDENTALE DE L'INDE.

*Quelles sont les bornes, la population, et la religion de l'*Indoustan*?* — L'Indoustan, ou presqu'île occidentale de l'Inde, est bornée au N. par le Grand et le Petit-Thibet, au N. O. par le royaume de Caboul et le Béloutchistan, à l'O. par le golfe d'Oman, au S. par la mer des Indes, à l'E. par le golfe de Bengale, et au N. E. par l'empire des Birmans. Sa population, qu'on évalue à 60 ou 80 millions d'habitans, se compose d'un petit nombre d'Européens de différentes nations, et de naturels qui sont presque tous idolâtres et suivent le culte de *Brama* et de *Boudha*, les deux principales divinités de l'Inde; ils sont divisés en castes ou classes, dont les membres ne s'allient jamais qu'entre eux. La dernière de ces classes, nommée celle des *Parias*, est regardée comme impure et exclue des villes et des temples. Les nombreuses productions de ce pays sont : les épices, les aromates, la soie, le coton, les tissus précieux; les perles et les diamans lui procurent d'immenses richesses.

Quelles sont les possessions des Anglais dans l'Indoustan? — Les Anglais semblent avoir remplacé, dans l'Indoustan, le puissant empire du Mogol, fondé par Tamerlan au XVe siècle. A l'exception d'un petit nombre d'établissemens qu'y possèdent les Français, les Portugais et les Danois, et d'un petit nombre de contrées dont la valeur de quelques peuples indigènes leur dispute encore la possession, tout l'Indoustan reconnaît leur domination. Parmi les peuples dont nous venons de parler, il faut remarquer les *Seyks*, et les

Rajepoutes, au N. O., et les *Marattes*, à l'O., qui ont eu récemment une période de gloire aussi courte que brillante.

Quelles sont les principales villes des possessions anglaises sur les côtes occidentales de l'Indoustan ? — Les principales sont : AHMÉDABAD, au N. O., dans la presqu'île de Guzerate, une des villes les plus grandes et les plus considérables de l'Inde. CAMBAIE, au fond du golfe de son nom. SURATE, au S. E. du golfe de Cambaie, ville très-commerçante, fréquentée par un nombre prodigieux de marchands de toutes les nations, qui, pour la plupart, y ont des comptoirs; elle a renfermé, dit-on, 600 mille habitans. BOMBAY, excellent port, dans une île qui a environ 6 lieues de circonférence, et plus de 200 mille habitans. VISAPOUR, au S. E., et dans les environs de laquelle se trouvent de riches mines de diamans. SÉRINGAPATNAM, au S. E., ancienne capitale et résidence du dernier des rois de Mysore, Tippo-Saëb, qui fut tué en combattant contre les Anglais, qui prirent cette ville d'assaut en 1799. Elle renfermait alors 150 mille habitans. CALICUT, au S. O. de la précédente, le premier port des Indes où aborda Vasco de Gama; ville très-commerçante. COCHIN, sur la côte de Malabar, ville très-commerçante, autrefois le principal établissement des Hollandais dans l'Inde.

Quelles sont les principales villes des possessions anglaises sur les côtes orientales de l'Indoustan ? — Les principales sont du S. O. au N. E. : TUTICORIN, sur la côte du golfe de Manar, qui se trouve entre l'Indoustan et l'île de Ceylan. Cette ville, qui leur a été cédée par les Hollandais, en 1824, en même temps que toutes leurs autres possessions sur le continent de l'Inde, produit les plus belles perles de l'Orient. TRITCHINAPALY, au N. E. MADURÉ, prise par les Anglais, en 1776. MADRAS, sur la côte de Coromandel; ville très-importante par son commerce; 140 mille habitans.

MASULIPATNAM, sur la côte d'Orissa, ville manufacturière et très-commerçante. GOLCONDE, fameuse par les mines de diamans qui se trouvent dans ses environs. JAGGERNAUT ou JAGRENAT, au N. E.; cédée aux Anglais par les Hollandais, en 1824, et fameuse par les pèlerinages qu'y attirent trois temples célèbres dans l'Inde, et qui y ont accumulé d'immenses richesses. BALASSOR, port très-fréquenté par les Européens. CALCUTTA, sur l'Ougly, l'une des branches principales du Gange; capitale du *Bengale*, royaume très-florissant qui occupe tout le tour du golfe auquel il donne son nom, et arrosé par les bras extrêmement nombreux du Gange et du Bramapouter : cette ville, la plus considérable de l'Indoustan, est la capitale de toutes les possessions anglaises, et le siége du gouvernement général. Sa population, que l'on a beaucoup exagérée, est de 180 mille habitans, dont 13 mille chrétiens.

Quelles sont les principales villes du nord de l'Indoustan ? — Les principales villes du nord de l'Indoustan sont de l'E. à l'O : PATNA, au N. O. de Calcutta, capitale du Bahar, ville très-commerçante. BÉNARÈS, au N. O. sur le Gange; la ville savante des Indous, et l'une des plus belles et des plus commerçantes de l'Inde. Population, 380 mille âmes. ALLAH-ABAD, à l'O., au confluent du Jumnah et du Gange; la ville sainte des Indous. AGRA, au N. O., sur le Jumnah, ancienne résidence du grand-mogol, qui habite maintenant DELHY, ville magnifique au N. O., sur la même rivière. LAHOR, au N. O., a aussi été anciennement la résidence des souverains du Mogol, dont on y admire encore le magnifique palais. Cette ville est la capitale de la province de Pendjab, qui appartient maintenant aux Seyks, qui ont aussi enlevé au royaume de Caboul la province de CACHEMIRE, dont la capitale, située dans une vallée délicieuse et fort peuplée, est fameuse par ses manufactures de schals.

INDOSTAN.

Quelles sont les possessions des Français dans l'Indoustan? — Les Français possèdent dans l'Indoustan les établissemens suivans, savoir : sur la côte de Malabar : Mahé, forteresse et port important pour le commerce du poivre. Elle avait été prise par les Anglais, lorsqu'ils s'emparèrent, en 1799, des états de Tippo-Saeb, dans lesquels elle se trouvait. Sur la côte de Coromandel : Karikal, comptoir important pour le commerce des toiles, restitué par les Anglais en 1814 ; Pondichéri, au N. de Karikal, le plus bel établissement français dans l'Inde, et la meilleure rade de la côte de Coromandel ; ville manufacturière, mais dans un pays stérile ; prise plusieurs fois par les Anglais, qui nous l'ont restituée en 1814. Sur la côte d'Orixa : Yanaon, comptoir important pour le commerce du coton. Dans le Bengale : Chandernagor, sur l'Ougly, colonie française, qui renfermait, dans le siècle dernier, 100 mille âmes, dont il reste à peine la moitié ; ville importante par son commerce.

Quelles sont les possessions des Portugais et celles des Danois dans l'Indoustan? Les Portugais possèdent, sur la côte du Guzérate, l'île Diu, qui renferme une forteresse du même nom, et sur la côte du Concan : Goa, avec ses dépendances. La ville, située dans une île de neuf lieues de tour, est grande, quoique bien déchue de ce qu'elle était autrefois. C'est le siége d'un archevêque ; elle possède le corps de saint François Xavier, surnommé l'*Apôtre des Indes.* Les Danois possèdent, sur la côte de Coromandel : Tranquebar, chef-lieu des possessions danoises dans l'Inde ; et dans le Bengale : Serampour, au S. O., ville très-commerçante.

Iles qui dépendent de l'Indoustan.

Où est située l'île de Ceylan, à qui appartient-elle, et quelles en sont les villes principales? L'île de Ceylan, située au S. E. du cap Comorin, vis-à-vis la partie de la côte de l'Indoustan appelée *côte de la Pêcherie*, à cause de la pêche des perles, a appartenu successivement aux Portugais, aux Hollandais et aux Anglais, qui en ont achevé la conquête sur les naturels, appelés *Chingulais*, en 1815. On y trouve une montagne élevée, nommée le Pic d'Adam, lieu célèbre de pèlerinage dans l'Inde. Les principales villes sont CANDY, capitale, au centre de l'île, ancienne résidence du roi, au N. du Pic d'Adam. COLOMBO, au S. O., belle ville, bâtie par les Portugais. TRINQUEMALE, au N. E. excellent port dans la partie la plus fertile et la plus belle de l'île.

Quelles sont les autres îles qui dépendent de l'Indoustan? — Les autres îles qui dépendent de l'Indoustan, sont: les LAQUEDIVES, au S. O. de la côte du Malabar; elles sont au nombre de 42, divisées en deux groupes. La plus considérable se nomme *Lacondy*. Les MALDIVES, qui tirent leur nom de *Malé*, résidence du roi, qui, quoique la plus grande, n'a que deux lieues de tour. Elles sont, dit-on, au nombre de 12 mille, divisées en treize groupes, nommés *Attolons*, et environnées de rochers. Elles produisent de l'ambre gris, du corail noir et des *cauris*, espèce de coquillage qui sert de monnaie dans l'Inde, où un sac de douze mille de ces coquilles vaut 5 à 6 francs.

INDE AU-DELA DU GANGE,

OU PRESQU'ÎLE ORIENTALE DE L'INDE.

Quelles sont les bornes, la population et les divisions de l'Inde au-delà du Gange? — L'Inde au-delà du Gange, ou la presqu'île orientale de l'Inde, est bornée au N. par la Chine et le Thibet, à l'O. par l'Indoustan et le golfe du Bengale, au S. par le détroit de Malacca, et à l'E. par les golfes de Siam et de Tonquin. On évalue sa population à environ 40 millions d'habitans. Elle se divise en quatre états principaux, savoir : l'empire des *Birmans*, au N. O.; le royaume de *Siam*, à l'E. du précédent; la presqu'île de *Malacca*, au S., et le royaume d'*Anam*, à l'E.

Quelles sont la position, la population, les divisions et les villes principales de l'empire des Birmans? — L'empire des Birmans, situé le long du golfe de Bengale, et renfermant 9 millions d'habitans, se compose de plusieurs royaumes, dont les principaux sont du N. au S., ceux d'Aracan, d'Ava et de Pégu, qui ont des capitales du même nom. Ava, qui était autrefois la capitale de l'empire, a cédé ce titre à Ummerapoura, dans l'ancien royaume d'Ava, près d'un lac, une des villes les plus florissantes de l'Orient. On trouve, dans les environs, des mines très-riches de belles pierres précieuses, et des carrières de marbre très-fin. Sur la côte se trouvent les deux ports de *Rangoun*, un des principaux de l'empire des Birmans, et de *Siriam*, où les Anglais ont un établissement de commerce.

Quelles sont la position, la population et les principales villes du royaume de Siam? — Le royaume de Siam, situé à l'E. des Birmans; au N. et à l'O. du golfe du même nom, renferme une population évaluée à 3 ou 4 millions d'habitans. Les principales villes sont : Siam ou Juthya, dans une île formée par le Ménam, le Nil siamois; capitale du royaume, et l'une des résidences des souverains, qui habitent souvent aussi Louvock, ville fort peuplée, sur le même fleuve. Tenasserim et Ligor, capitales des royaumes qui portent les mêmes noms, au S.

Quelles sont la position, l'étendue, les divisions et les villes principales de la presqu'île de Malacca? — La presqu'île de Malacca, située au S. du royaume de Ligor, entre le détroit de son nom et le golfe de Siam, a environ 200 lieues de long sur 30 à 40 de largeur; l'intérieur est couvert de forêts impénétrables:

5.

sur les côtes sont les six royaumes de Patani, Tronganon et Pahang, à l'E.; Johor, au S. Pérah et Quédah, à l'O., avec des capitales du même nom, qui sont assez commerçantes, et auxquelles il faut joindre Malacca, au S. O., fondée au XIIIe siècle par un prince malais, et qui, après avoir successivement appartenu aux Portugais et aux Hollandais, est aujourd'hui aux Anglais. Elle était autrefois très-commerçante, et passe pour la capitale de la presqu'île.

*Quelles sont la position, les divisions et les villes principales du royaume d'*Anam? — Le royaume d'Anam, en donnant à ce nom son acception la plus étendue, est situé à l'E. de ceux que nous venons de décrire, entre le royaume et le golfe de Siam, à l'O., et le golfe de Tonquin, à l'E.; il renferme les royaumes de Laos, au N. O., capitale Lant-Chang; de Camboge, au S. du précédent, avec une capitale du même nom, sur le Mé-Kong; le Tsiampa, fort peu connu, au S. E.; la Cochinchine, contrée extrêmement riche et fertile, dont la capitale est Ke-Hoa. Dans la partie maritime qui faisait autrefois partie du Camboge, se trouve la ville de *Saigon*, qui a 180 mille habitans. Le Tonquin, autour du golfe du même nom; capitale, Kescho, qui, quoique aussi grande que Paris, ne renferme que 40 mille habitans. On porte à 20 millions d'habitans la population de tout le royaume d'Anam.

Quelles sont les principales îles qui dépendent de l'Inde au-delà du Gange? — Parmi les îles qui dépendent de l'Inde au-delà du Gange, nous citerons: celles d'Andaman et de Nicobar, qui forment une chaîne, du N. au S., à l'O. du royaume de Siam; celle de Pulo-Penang ou du *Prince de Galles*, sur la côte du royaume de Quédah. Les Anglais y ont un établissement important. Population, 35 mille âmes. Capitale, *Georges-Town*, au N. E.; celles de Condor, au nombre de dix, à l'embouchure du Mé-Kong, et dont la principale, nommée *Pulo-Condor*, est un lieu de relâche pour les vaisseaux qui se rendent en Chine ; l'archipel des Paracels, à l'E. de la Cochinchine.

EMPIRE CHINOIS.

Quels sont les bornes de la Chine, *et les pays qui en dépendent ?* — Nous comprenons ici, sous le nom d'empire chinois, cette vaste étendue de pays renfermés entre la Sibérie, au N., la Tatarie Indépendante, à l'O., le royaume de Caboul, les deux Indes et la mer de la Chine, au S., la mer Bleue, la mer Jaune et la mer du Japon, à l'E. Ces pays, dont la longueur de l'O. à l'E. est d'environ 1,250 lieues, et la largeur du N. au S. d'environ 750, comprennent, outre la Chine proprement dite, la Mantchourie avec la Corée et la Mongolie, au N., séparée de la Chine par une grande muraille, longue de 450 lieues, et haute de 25 pieds, construite par les Chinois pour se préserver des incursions des Tatares du Nord ; la Calmoukie, à l'O. ; le Grand et le Petit-Thibet, avec le Népaul et le Boutan, au S. O.

Quels sont la population, les productions, le gouvernement et les divisions de la Chine ? — La population de la Chine proprement dite, qui forme environ le tiers des pays que nous venons de nommer, a été ridiculement exagérée, ainsi que celle de ses villes principales : il paraît qu'elle doit être réduite à 150 millions d'âmes, au lieu de 333 millions qui lui avaient été trop généreusement accordés ; il est même probable que cette évaluation est encore exagérée. Celle des contrées qui dépendent de cet empire est portée à 38 millions. Les productions de ce pays, six fois plus étendu que la France, et où l'agriculture est fort en honneur, sont nécessairement fort variées. Celles qui s'en exportent sont le thé, le sucre, le nankin, des porcelaines, de la cannelle, de la rhubarbe et autres drogueries. Le gouvernement de la Chine est absolu ;

l'empereur est en même temps le chef de la religion; des officiers, nommés *mandarins*, sont chargés du gouvernement des villes et des provinces. La Chine se divise en quinze provinces, non compris les pays regardés comme tributaires; sept de ces provinces se trouvent dans la partie septentrionale, et huit dans la partie méridionale.

Quelles sont les principales villes de la Chine? — Les principales villes de la Chine sont : PÉKIN, au N. E., capitale de tout l'empire et de la province de Petchéli, résidence de l'empereur, qui y habite un palais magnifique. Cette ville, composée de deux villes, l'une tatare et l'autre chinoise, renferme une population de 6 à 700 mille habitans, et non pas de 2 à 3 millions. NANKIN, sur la rive gauche du Yang-tse-Kiang, au S. E. de Pékin, dans la province de Kiang-neng, l'une des plus riches de l'empire, dont cette ville est l'ancienne capitale, fameuse par sa tour à neuf étages, revêtue de porcelaine : c'est la ville savante de la Chine. Le coton jaune avec lequel on fabrique le nankin, croît dans ses environs. CANTON, capitale de la province du même nom, au S. de la Chine, l'une des villes les plus peuplées et les plus opulentes de l'empire, et le seul port où les Européens soient admis. Sa population, portée à un million 500 mille âmes, paraît devoir être réduite à 250 mille. MACAO, beau port et établissement portugais, sur une presqu'île, au S. de Canton. C'est là, dit-on, que Le Camoëns, fameux poëte portugais, composa son beau poëme de la *Lusiade*, où il célèbre la découverte des Indes.

Quelles sont les principales îles qui dépendent de la Chine? — Les principales îles qui dépendent de la Chine, sont : FORMOSE, à l'E. de la Chine, dont elle est séparée par le canal de son nom, large de 35 lieues. Cette île, très-belle et très-fertile, a pour capitale *Tai-Ouan*, ville fort riche et fort peuplée.

HAYNAN, au S. O. de la province de Canton, dont elle fait partie; elle est riche en mines d'or et en bois précieux.

Pays regardés comme tributaires de la Chine.

Quelles sont la position et les villes principales de la MANTCHOURIE *et de la* CORÉE? — La MANTCHOURIE, située au N. E. de la Chine, au-delà de la grande muraille, qui n'empêcha pas les Mantchoux de faire, en 1641, la conquête de ce pays, forme un gouvernement chinois, divisé en deux sous-gouvernemens, et a pour capitale: MOUKDEN, résidence des souverains mantchoux, avant la conquête de la Chine. La CORÉE, vaste presqu'île, au S. de la Mantchourie, à peu près égale à l'Italie en étendue, a pour capitale KING-KI, résidence d'un roi tributaire de la Chine.

Quelles sont la position et les villes principales de la MONGOLIE *et de la* KALMOUKIE? — La MONGOLIE, située au N. de la grande muraille, à l'O. de la Mantchourie, et le berceau du grand empire du fameux Gengis-kan, n'est habitée que par des tribus nomades; à l'O. s'étend le vaste désert de COBI ou de SHAMO, de 500 lieues de long, et à l'O. duquel se trouve la CALMOUKIE, qui comprend la *Songarie*, au N.; la *Kalmoukie* propre, au centre, et la petite *Bukarie*, au S. Villes principales: YARKAND, regardée comme la capitale actuelle; et CASHGAR, ancienne résidence des khans. Ce pays, soumis par les Chinois en 1759, renferme des mines d'or et d'argent.

Quels sont la position, le souverain, les divisions et les villes principales du THIBET? — Le THIBET, situé au S. O. de la Chine, est un pays fort connu, qui renferme, à ce qu'il paraît, les plus hautes montagnes du globe, et la source de presque tous les grands fleuves de l'Asie. C'est aussi le siége principal d'une religion qui domine sur toute l'Asie centrale, et dont le chef nommé le *dalaï-lama*, est en même temps le souverain légitime du pays, où les empereurs de la Chine ont cependant acquis une puissance absolue. Ce pays se divise en Petit-Thibet, situé au N. du Cachemire, et ayant pour capitale Eskerdon; et en Thibet proprement dit, à l'E.; capitale Lassa, sur le Bramapouter, à deux lieues de laquelle se trouve la montagne sacrée sur laquelle est placé le palais du grand-lama.

Quelles sont la position et les capitales du Népaul *et du* Boutan? — Le Népaul et le Boutan sont situés au S. des pays que nous venons de décrire. Le Népaul, que l'on regarde souvent comme faisant partie de l'Indoustan, sur la frontière duquel il est situé, était autrefois indépendant; il est aujourd'hui sous la protection de la Chine, et a pour capitale: Katmandou, ville de 50 à 60 mille âmes, qui renferme des temples magnifiques. A l'E. de ce pays, se trouve le Boutan ou Tac-pou, qui est sous la souveraineté du grand-lama, et qui a pour capitale Tascisudon, résidence du prince de Boutan.

Quelles sont les îles qui dépendent de la Chine? — Les principales îles qui dépendent de la Chine sont l'archipel des îles Lieu-Kieu, entre la Corée et le Japon; elles forment deux groupes composés de 36 îles, dont la principale a 35 lieues de long sur 7 à 8 de large, et renferme au N. O. le port et la ville de Napchan, résidence d'un souverain tributaire de la Chine, et dont la domination s'étend sur tout cet archipel. Les îles les plus méridionales portent le nom de Madjico-Sémah.

JAPON.

De combien d'îles se compose l'empire du Japon, *quels en sont les productions, le gouvernement et la population?* — L'empire du Japon, séparé à l'O. de la Chine par la mer qui porte son nom, se compose de quatre grandes îles, et d'un nombre assez considérable de petites. Ses productions sont à peu près les mêmes que celle de la Chine, c'est-à-dire, de la porcelaine fort renommée, du thé, et particulièrement du cuivre, de l'or et de l'argent. Le gouvernement, qui était autrefois entre les mains d'un empereur pontife, nommé *daïri*, a passé presque entièrement, depuis 1585, entre les mains du *kubo*, ou chef militaire, qui n'a laissé au daïri qu'une ombre d'autorité. La population de cet empire est évaluée à 30 millions d'habitans.

Quelles sont les villes principales de l'île de Niphon? — L'île de Niphon, la plus grande du Japon, et fort sujette aux ouragans, qui la dévastèrent à la fin de 1800, renferme les deux villes principales de l'empire, savoir : Ieddo, dans une baie, à l'E. C'est là qu'est le palais du kubo, qui formerait à lui seul une ville considérable, puisqu'on lui donne 5 lieues de tour. Méaco, au S. O. d'Ieddo; résidence du daïri, dont la cour se compose de tous les gens de lettres. C'est aussi le centre du commerce; sa population est, dit-on, de 400 mille habitans. Au S. de cette ville se trouve celle d'*Osaca*, le port de Méaco, et l'une des plus florissantes de l'empire.

Quelles sont la position et les villes principales des autres îles du Japon? — Les autres îles du Japon sont : celle de Kiusiu, au S. O. de Niphon, dans laquelle se trouve le port de Nangasaki, le seul du Japon dans lequel il soit permis aux étrangers de jeter l'ancre pour faire le commerce. L'île de Sikokf, à l'E. du détroit qui sépare les îles de Niphon et Kiusiu Cette île, qui est peu connue, formait autrefois un royaume. On y trouve les villes de Kokura, et de Sanga, célèbre par sa porcelaine presque transparente. L'île de Jesso, au S. de laquelle se trouve une forteresse nommée Matsimai. On a cru long-temps que cette île et celle de Séghalien n'en formaient qu'une seule ; mais elles sont séparées par le canal de La Peyrouse, découvert par ce célèbre et infortuné navigateur. Au N. E. de l'île de Jesso commence l'archipel des Kuriles, dont nous avons déjà parlé à l'article de la Russie d'Asie, et dont toute la partie méridionale, qui se compose des *Grandes-Kuriles*, est réclamée par le Japon. Le canal de la Boussole les sépare, au N., des Kuriles Russes.

AFRIQUE.

Quelles *sont la forme, l'étendue et les bornes de l'Afrique ?* — L'Afrique, celle des parties de la terre dont l'intérieur est le moins connu, forme une grande presqu'île triangulaire, d'environ 1700 lieues de long sur 1600 de large, qui ne tient au reste du continent que par l'isthme de Suez, au N. E., qui a environ 50 lieues de largeur. Elle est coupée par l'équateur en deux parties presque égales. Elle est bornée au N. par la Méditerranée, à l'O. par l'Océan Atlantique, au S. par le grand Océan Austral, et à l'E. par la mer des Indes, la mer Rouge et l'isthme de Suez.

Quels sont les habitans et les productions de l'Afrique ? — Les habitans de l'Afrique, dont on évalue le nombre à 70 millions, appartiennent à plusieurs races différentes, dont les principales sont : les *Maures*, ou Arabes, qui suivent la religion de Mahomet, au N.; les *Abyssins*, les *Nubiens* et les *Coptes*, à l'E. : les Nègres idolâtres, répandus dans tout le reste de ce vaste continent, et parmi lesquels les *Cafres* et les *Hottentots* présentent des différences remarquables. Tout l'intérieur de cette partie du monde est rempli de sables brûlans et peuplé de bêtes féroces; les côtes, au contraire, sont extrêmement fertiles, et la végétation y montre une vigueur extraordinaire.

Quelles sont les principales divisions de l'Afrique? — L'Afrique se divise en quinze contrées principales, savoir : l'*Égypte*, la *Nubie*, et l'*Abyssinie*, au N. E.; la côte de *Barbarie*, et les déserts de *Barca*, de *Lybie*, et du *Sahara*, au N.; la *Sénégambie*, la *Guinée*, le *Congo*, sur la côte occidentale : la *Nigritie*, et la *Cafrerie*, au centre; la *Colonie du cap*, au S.; le *Monomotapa* et les côtes de *Mozambique*, de *Zanguebar* et d'*Ajan*, sur la côte orientale.

Quels sont les principaux golfes de l'Afrique? — Les principaux golfes de l'Afrique sont : ceux de *Tunis*, de *Gabès* (ancienne Petite-Syrthe), de la *Sidre*, (ancienne Grande-Syrthe), sur la côte septentrionale de la Barbarie. Ceux de *Guinée* et de *Biafra*, sur la côte de Guinée. La baie de *Lorenzo Marquez*, sur la côte du Monomotapa.

Quels sont les principaux détroits de l'Afrique? — Outre les détroits de Gibraltar et de Bab-el-Mandeb, dont nous avons déjà parlé, on trouve en Afrique : le canal de *Mozambique*, entre le Monomotapa et la côte de Mozambique, à l'O., et l'île de Madagascar, à l'E.

Quels sont les principaux lacs de l'Afrique? — Comme tous les lacs de l'Afrique sont situés dans l'intérieur, ils sont très-peu connus; on cite : le lac *Dembéa*, traversé par le Nil, en Abyssinie. Les lacs du *Soudan* et *l'Iltré*, dans la Nigritie. Le lac *Tsad*, qui forme dans le royaume de Bornou, une sorte de mer intérieure, qui reçoit plusieurs grandes rivières : entre autres le *Schary*, qui vient de l'E., et le *Yaou*, qui vient de l'O., et que l'on a long-temps supposé à tort être le même que le Niger. Le lac *Maravi*, à l'O. des monts Lupata, dans la Cafrerie.

Quels sont les principaux caps de l'Afrique? — Les principaux caps de l'Afrique sont : les caps *Bon*, au N. de la Barbarie; *Cantin*, à l'O. de l'empire de Maroc; *Bojador* et *Blanc*, à l'O. du Sahara; *Vert*, à l'O. de la Sénégambie; des *Palmes*, des *Trois-Pointes*, *Formose* et *Lopez*, dans la Guinée; de *Bonne-Espérance* et des *Aiguilles*, au S. de l'Afrique; des *Courans*, sur la côte du Monomotapa; *Guardafui*, sur la côte d'Ajan.

Quelles sont les principales chaînes de montagnes de l'Afrique? — Les principales chaînes de montagnes de l'Afrique sont : le mont *Atlas*, au S. de la Barbarie. Cette chaîne de montagnes est célèbre dans la fable, qui en fait un géant qui porte le ciel sur ses épaules. Elle est habitée par des peuplades féroces et indépendantes, nommées les Berbers. Les montagnes de *Kong*, entre la Guinée et la Nigritie. Les monts *Al-Kamar* ou de la *Lune*, au S. O. de l'Abyssinie. Les monts *Lupata*, ou l'*Épine du Monde*, à l'O. des États qui bordent la côte orientale.

Quels sont les principaux fleuves de l'Afrique? — Les principaux fleuves de l'Afrique sont : le *Nil*, qui traverse l'Abyssinie, la Nubie et l'Égypte, et se jette dans la Méditerranée par plusieurs embouchures. On ne connaît pas bien la source de ce fleuve, que la plupart des géographes font sortir des montagnes de la Lune. Le *Sénégal* et la *Gambie*, qui arrosent la Sénégambie, de l'E. à l'O., et se jettent dans l'Océan Atlantique. Le *Niger* ou *Dialli-Ba*, qui prend sa source dans les montagnes de Kong, parcourt une partie de la Nigritie, de l'E. à l'O., passe devant *Tomboucton*, et, après avoir fait encore un assez grand circuit à l'E., tourne au S., et va, suivant les conjectures les plus récentes, et qui paraissent le mieux fondées, se jeter dans le golfe de Benin. Le *Couanza* ou *Zaïre*, qui parcourt, du N. E. au S. O., le N. du Congo, et se jette dans l'Océan Atlantique. Le *Couama* ou *Zambezé*, qui entoure le Monomotapa, à l'O. et au N., et se jette dans le canal de Mozambique, au S. E.

ÉGYPTE.

*Quels sont les bornes, les habitans et le gouvernement de l'*Égypte*?* — L'Égypte forme une grande vallée de 225 lieues de long sur 80 de large, fertilisée par les inondations périodiques du Nil, qui arrivent tous les ans vers le solstice d'été, et qui sont occasionées par les pluies qui tombent à cette époque entre les tropiques, où le Nil et ses principaux affluens prennent leurs sources. Elle est bornée au N. par la Méditerranée, à l'O. par les déserts de Barca et de Libye, au S. par la Nubie, et à l'E. par la mer Rouge et l'isthme de Suez. Ses habitans, au nombre de 2 millions 600 environ, appartiennent à quatre races différentes, savoir : les *Coptes*, qui paraissent descendre des anciens habitans, dont ils ont conservé le langage, quoique avec beaucoup d'altérations ; ils professent la religion grecque ; les *Arabes*, les *Mameloucks* et les *Turcs*, qui l'ont subjuguée successivement. Les Français l'avaient conquise en 1798, et l'ont possédée pendant quatre ans ; mais les Turcs en sont redevenus les maîtres, et y envoient un pacha, qui s'y est rendu presque indépendant.

Quelles sont les divisions et les villes principales de l'Égypte ? — L'Égypte se divise en trois régions, savoir : la *Haute*, nommée aussi Saïd, au S.; capitale, Girgé, sur la rive gauche du Nil. La *Moyenne*, ou Vostani, au centre, et dans laquelle se trouve le Caire, sur la rive droite et à environ une demi-lieue du Nil, un peu au-dessus de l'endroit où il se partage en plusieurs branches ; capitale de la moyenne Égypte et de toute l'Égypte, peuplée, dit-on, de 250 mille habitans. Enfin la *Basse* ou Bahary, au N., dans laquelle on trouve Alexandrie, à l'une des embouchures occidentales du Nil, qui n'est plus navigable, près de la Méditerranée, non loin du fameux phare ; elle est l'entrepôt du commerce de l'Égypte avec tout le sud de l'Europe. Rosette (ancienne Canope), située à l'E. sur une des embouchures du Nil, lui sert en quelque sorte de port. Damiette (à 2 lieues au S. de l'ancienne Thamiatis), sur la branche orientale du Nil, a aussi un bon port et 30 mille habitans. Aboukir, située au N. E. d'Alexandrie, est célèbre par le combat naval de 1798, dans lequel l'amiral Nelson détruisit la flotte française, et par une victoire remportée sur terre par les Français, en 1799. Suez, sur l'isthme qui en porte le nom ; mauvais port sur la mer Rouge.

Qu'appelle-t-on Oasis, *et quelles sont celles qui dépendent de l'Égypte ?* On appelle *Oasis* des îles de terres fertiles et habitables au milieu des déserts de sables. Il y en a, à l'O. de l'Égypte, deux, qui ont toujours été considérées comme faisant partie de ce pays ; savoir : la grande, nommée El-Ouah, au S., et où l'on trouve une ville nommée EL-KHARGÉ, et quelques restes d'antiquités; et la petite, au N. de la précédente; elle produit les meilleures dattes de l'Égypte. On estime la distance de ces oasis à cinq journées de chemin de l'Égypte.

NUBIE.

Quelles sont la position et les bornes de la NUBIE? — La Nubie (partie septentrionale de l'ancienne Éthiopie au-dessus de l'Égypte) est située au S. de l'Égypte, et forme, comme elle, une étroite vallée traversée par le Nil; elle n'a point de limites fixes : on peut dire cependant qu'elle a la Nigritie, à l'O., l'Abyssinie, au S., la côte d'*Abesh*, qui fait partie de l'Abyssinie, et la mer Rouge, à l'E.

Comment se divise la Nubie? — La Nubie se divise en trois parties, savoir : la NUBIE TURQUE, au N. de l'Égypte, et peuplée par deux tribus nomades qui vivent presque indépendantes, quoiqu'elles soient censées sous le pouvoir du pacha d'Égypte. Le royaume de DONGOLA, au S. de la Nubie turque, avec une capitale du même nom, située sur le Nil, et peuplée, dit-on, de 10 mille familles. On tire de ce royaume de la poudre d'or et des plumes d'autruche. Le royaume de SENNAAR, au S. du précédent, qui paraît en être tributaire. Capitale, SENNAAR, près du Nil; elle fait un grand commerce, et a, dit-on, 100 mille habitans.

ABYSSINIE.

*Quels sont les bornes, la population, la religion et le gouvernement de l'*ABYSSINIE? — L'Abyssinie (partie méridionale de l'ancienne Éthiopie, au-dessus de l'Égypte), située au S. et à l'E. de la Nubie, a à l'O., la Nigritie; au S. la Cafrerie et la côte d'Ajan, qui, avec la mer Rouge, la borne encore à l'E. Elle comprend la côte d'*Abesh*, située le long de la mer Rouge, et a ainsi 200 lieues de long sur environ 230 de large. Les habitans de ce pays, dont on porte le nombre à 3 millions et demi, professent la religion chrétienne, défigurée par plusieurs pratiques juives et superstitieuses. L'Abyssinie est partagée en plusieurs États dépendans d'un monarque absolu, qui vend, comme en Turquie, les gouvernemens à d'autres despotes subalternes. L'empereur, qu'on appelle aussi le *Grand-Négus*, et qu'on a quelquefois désigné sous le nom de *Prêtre-Jean*, prétend descendre de Salomon; il n'a plus que l'ombre du pouvoir, qui est exercé, en réalité, par des vice-rois nommés *Ras*.

Comment se divise l'Abyssinie? — L'Abyssinie est aujourd'hui divisée en trois États indépendans les uns des autres, savoir : l'AMHARA, à l'O. ; on y trouve le lac *Dembéa*, au N. E. duquel est situé GONDAR, où végète le Grand-Négus. Le TIGRÉ, au N. E., sous la puissance d'un vice-roi qui, de fait, est indépendant, et réside à ANTOLO ; il a aussi sous sa puissance l'antique ville d'AXUM, qui fut la métropole de l'Abyssinie, dans le temps de sa splendeur, c'est-à-dire, jusqu'en 925. Les provinces de *Choa* et d'*Effat*, situées au S., sont sous le joug des *Gallas*, nation féroce, dont les incursions tiennent l'Amhara dans des alarmes continuelles.

CÔTE DE BARBARIE.

Quelles sont la position, les divisions et la religion de la CÔTE DE BARBARIE? — On comprend sous le nom de Côte de Barbarie, ou d'États Barbaresques, tous les pays qui occupent le N. de l'Afrique, le long de la côte de la Méditerranée, et auxquels nous joindrons les déserts qui les bornent, à l'E. et au S. Ces pays sont : la régence de *Tripoli*, qui tient sous sa dépendance le désert de *Barca* et le *Fezzan*; la régence de *Tunis*; celle d'*Alger*, et l'empire de *Maroc*. Au S. de ces pays s'étendent les vastes déserts de *Libye* et du

Sahara. La conformité des croyances religieuses unit naturellement ces États à l'empire Ottoman, qui en tire des secours, surtout dans les guerres contre les chrétiens.

Régence de Tripoli.

Quels sont les bornes, le gouvernement et les villes principales de la RÉGENCE DE TRIPOLI? — L'État de Tripoli (ancienne Tripolitaine), séparé de l'Égypte à l'E. par le pays de Barca, est borné au N. par la Méditerranée, à l'O. par la régence de Tunis, et au S. par le Fezzan. C'est le plus faible des États Barbaresques, quoique l'un des plus étendus; il est gouverné par un *Bey*, qui est presque entièrement sous la dépendance du grand-seigneur. La capitale de ce pays est : TRIPOLI, port sur la Méditerranée; ville très-ancienne, d'où s'exportent de la poudre d'or, des plumes d'autruche, etc.

Quels sont les États qui dépendent de la régence de Tripoli? — Les principaux États qui en dépendent sont : 1° Le désert de BARCA (ancienne Libye maritime), à l'E., dont toute la côte est très-fertile et assez populeuse. Il est gouverné par deux beys nommés par celui de Tripoli, auquel ils ne gardent qu'une obéissance équivoque. L'un de ces beys réside à DERNEH (Darnis), et l'autre à BEN-GHAZI, les principales villes de ce pays. La dernière a un assez bon port. Au S. de cette contrée se trouvent les oasis du SYOUAH (ancien Ammon), qui forme un petit État indépendant; et d'AUJELAH, à l'O. de la précédente, résidence d'un bey dépendant de Tripoli. Au S. de ces pays s'étend le désert de Libye. 2° Le FEZZAN, situé à l'O. du désert de Libye et au S. de l'État de Tripoli, renferme environ 60 mille habitans, et a pour capitale MOURZOUK, ville très-commerçante.

Régence de Tunis.

Quels sont les bornes, la population, le gouverne-

ment et la capitale de la régence de TUNIS, *et les pays qui en dépendent?* — L'État de Tunis (ancienne Byzacène et Zeugitane), situé à l'O. du précédent, borné à l'O. par celui d'Alger, et au S. par le Sahara, renferme une population de 4 à 5 millions d'habitans ; il est gouverné par un bey, et a pour capitale : TUNIS (Tunes), à peu de distance des ruines de l'ancienne Carthage, avec un bon port et de bonnes fortifications ; elle est très-commerçante. Au S. se trouvent les deux pays de TOZER, appelé communément BELAD-EL-DJERID, pays des dattes ; capitale TOZER, non loin du lac Loudéah ; et de GADAMÈS, à l'E. du précédent, avec une capitale du même nom.

Régence d'Alger.

*Quels sont les bornes, le gouvernement et les villes principales de la régence d'*ALGER? — L'État d'Alger (ancienne Numidie et Mauritanie Césarienne), situé à l'O. du précédent, entre la Méditerranée, au N., l'empire de Maroc, à l'O., et la région de l'Atlas, au S., est gouverné par un dey élu par l'armée, composée d'environ 6,500 Turcs. Les principales villes sont : ALGER, bâtie en amphithéâtre, au fond d'une rade fortifiée ; on évalue sa population à 80 mille âmes. CONSTANTINE, au S. E. d'Alger, résidence d'un bey, et capitale d'une province qui forme un état presque indépendant. ORAN, port, au S. O. d'Alger, avec un fort occupé par les Espagnols. LA CALLÉ, sur la côte ; poste d'une compagnie de commerce française, dont le principal objet est la pêche du corail.

Empire de Maroc.

Quels sont les bornes, les divisions, la population et le gouvernement de l'empire de MAROC? — L'empire de Maroc (Mauritanie Tingitane), situé à l'O. de l'État d'Alger, et borné au N. par la Méditerranée, à l'O. par l'Océan Atlantique, et au S. par le Sahara, se compose de plusieurs provinces ou royaumes, dont les principales sont celles de *Maroc*, de *Fez*, de *Sus*, au N. O. de l'Atlas; de *Tafilet*, et de *Sedjelmessa*, au S. E. de cette chaîne. Les voyageurs ne sont point d'accord sur sa population, qu'ils portent tantôt à 6, et tantôt à 14 millions d'habitans. Le gouvernement est despotique et absolu, et le peuple cruel et perfide.

Quelles sont les principales villes de l'empire de Maroc? — Les principales sont: MAROC, capitale de tout l'empire, et résidence ordinaire de l'empereur, qui y occupe un vaste palais; ville commerçante en maroquin, soie et papier. MÉQUINEZ, au N. O. de Fez, dans une plaine renommée par la salubrité de son climat; ce qui lui a procuré l'avantage d'être la résidence de l'empereur actuel. FEZ, capitale du royaume de ce nom; ville riche et commerçante, qui jouissait autrefois, en Afrique, d'une brillante réputation littéraire. Population, 70 mille habitans. CEUTA, PENNON-DE-VELEZ et MELILLA, forteresses appartenant à l'Espagne, sur la côte de la Méditerranée. TANGER (Tingis), jolie ville sur le détroit de Gibraltar; résidence de la plupart des consuls européens. LARACHE (Lixus), ville considérable, sur les bords de l'Océan Atlantique. MOGADOR, port sur l'Océan; la principale place de commerce de l'empire. TARODANT, capitale de la province de Sus. TAFILET et SEDJELMESSA, capitales des provinces du même nom, aujourd'hui peu connues; elles étaient autrefois très-florissantes.

Désert de Sahara.

Quels sont les bornes, les ports et les habitans du SAHARA? — Le désert de Sahara (ancienne Libye intérieure), qui se rattache à ceux de Barca et de Libye dont nous avons déjà parlé, est situé au S. de tous les pays que nous venons de décrire, et occupe presque toute la largeur de l'Afrique de l'O. à l'E., sur près de 400 lieues d'étendue du N. au S. Il est parsemé d'Oasis, où se reposent les caravanes qui, partant de l'empire de Maroc, traversent le désert pour se rendre à *Tombouctou*, dans la Nigritie. Sur la côte de l'Océan Atlantique se trouvent quelques ports et mouillages, tels que le golfe d'*Arguin* et la rade de *Portendic*, où les Français ont un établissement. Entre les caps Blancs et Bojador habitent les *Monselmines*, et d'autres tribus féroces qui font subir d'horribles traitemens aux malheureux qui sont jetés sur leurs côtes. L'intérieur du désert est le repaire des lions, des panthères, des autruches, d'énormes serpens, et de beaucoup d'autres espèces d'animaux féroces.

SÉNÉGAMBIE.

Quels sont les bornes, les productions et les habitans de la SÉNÉGAMBIE? — La Sénégambie, ainsi nommée des deux fleuves qui l'arrosent, est bornée au N. par le Sahara, à l'O. par l'Océan, au S. par la Guinée, et à l'E. par la Nigritie. Ce pays, fertilisé par les débordemens réglés du Sénégal, est très-productif. On y trouve le *baobab*, le plus grand arbre connu, qui a quelquefois 100 pieds de tour. On en tire de la poudre d'or, de la cire, des cuirs, et de la gomme, qui y est apportée par les tribus sauvages du Sahara, qui la recueillent dans leurs forêts de gommiers. Ce pays renferme une foule de petits royaumes, les uns habités par les *Nègres* indigènes, dont les peuplades principales sont celles des *Foulahs*, des *Mandingues*, des *Yolofs*, et des *Féloups*; les autres, envahis par les Maures.

Quels sont les principaux établissemens des Européens dans la Sénégambie, et quelles sont les îles qui se trouvent sur la côte? — Les Européens possèdent de nombreux établissemens dans la Sénégambie, savoir:

Les Français : les forts de Saint-Louis et de Podor, sur le Sénégal ; de Galam, dans l'intérieur ; l'île de Gorée, près du cap Vert ; et les comptoirs d'Albreda et de Joal, sur la Gambie.

Les Anglais : les forts Saint-James, et plusieurs comptoirs sur la Gambie.

Les Portugais : les établissemens sur les rives du Rio Grande, au S. de la Gambie.

Au S. de cette côte portugaise se trouve l'établissement anglais de Sierra-Leone, sur la rivière de ce nom, qui forme l'un des meilleurs ports d'Afrique. La civilisation des Nègres est le but principal de cet important établissement.

Sur la côte se trouvent les îles Bissagos, dont la plus grande a environ 40 lieues de tour ; elles sont très-fertiles.

GUINÉE.

Quels sont les bornes, les divisions, les productions et les établissemens européens de la Guinée ? — La Guinée s'étend au S. de la Sénégambie, le long de la côte de l'Océan jusqu'au Congo, que l'on y comprend assez souvent ; à l'E. s'étendent les pays peu connus du centre de l'Afrique. Ce pays se subdivise en plusieurs parties, dont les principales sont de l'O. à l'E. : 1° La côte des Graines, ainsi nommée à cause du poivre que les Anglais en tirent en abondance. 2° La côte d'Ivoire ou des Dents, où l'on achète des dents d'éléphans qui pèsent jusqu'à deux cents livres. 3° La côte d'Or, qui tire son nom de la poudre d'or, qui fait le principal commerce de cette contrée, où les Européens avaient formé environ quarante établissemens, aujourd'hui en grande partie détruits ou abandonnés. On y trouve cependant encore : La Mine, aux Hollandais ; le Cap Corse, aux Anglais ; et Christiansbourg, aux Danois. 4° La côte des Esclaves, ainsi nommée du trafic honteux qui s'y faisait, et auquel toutes les nations de l'Europe ont renoncé d'un commun accord. Les petits États qui se trouvent sur cette côte obéissent au roi de Dahomey, dont la capitale, nommée Abomey, est située à 28 lieues dans l'intérieur. 5° Le royaume de Benin, dont le souverain peut mettre 100 mille hommes sur pied : les Anglais en font aujourd'hui le principal commerce. Capitale, Benin, sur le Rio-Formoso. 6° Le royaume d'Ouary, au S. de Benin; capitale, Ouary, sur le golfe de Benin. Au S. s'étendent les pays de Galbongas et des Biafras, autour du golfe de ce nom.

CONGO.

Quelles sont la position, les divisions et les villes principales du Congo? — Le Congo, situé au S. de la Guinée, est divisé en plusieurs royaumes, dont les principaux sont : 1° Celui de Loango; capitale, Bouali, dans une position charmante. 2° Du Congo propre; capitale, San-Salvador, bâtie par les Portugais. 3° D'Angola; capitale, Saint-Paul de Loanda. 4° de Benguela; capitale, Saint-Philippe, lieu d'exil pour les criminels portugais.

NIGRITIE.

Quelles sont la position, les divisions et les villes principales de la Nigritie? — La Nigritie ou Soudan, qui occupe tout le nord de la partie centrale de l'Afrique des deux côtés du Niger, renferme plusieurs royaumes fort peu connus, dont les principaux sont, de l'O. à l'E : 1° Celui de Bambara, où se trouve Tombouctou ou Tombut, près du Niger, une des villes les plus commerçantes de l'Afrique centrale. 2° celui de Haoussa; capitale, Haoussa. 3° Celui de Bournou, dont la capitale, qui porte le même nom, passe pour être aussi grande que le Caire. 4° Celui de Dar-Four; capitale, Cobbeh.

CAFRERIE.

Quels sont la position et les habitans de la CAFRERIE? — La Cafrerie, située au S. de la Nigritie, occupe toute la partie méridionale du centre de l'Afrique; elle est presque entièrement inconnue. Ses habitans, dont le nom signifie *infidèles,* forment une multitude de peuplades. Au S. se trouvent les *Hottentots*, nation nègre, de couleur brun-rouge, qui se divise en plus de vingt peuplades, dont plusieurs sont très-féroces.

COLONIE DU CAP.

Quelles sont la position, la population et la principale ville de la COLONIE DU CAP? — La colonie du cap de Bonne-Espérance, fondée par les Hollandais, en 1650, et appartenant maintenant aux Anglais, qui s'en sont emparés, en 1795, occupe toute la pointe méridionale de l'Afrique, jusqu'à 190 lieues dans l'intérieur des terres. Malgré sa vaste étendue, cette contrée ne renferme qu'environ 30 mille blancs et 50 mille esclaves : elle est très-fertile; la vigne y réussit très-bien et produit l'excellent vin de *Constance*. La capitale de ce pays est, LE CAP, sur la baie de la Table, un peu au N. du cap de Bonne-Espérance, découvert par le Portugais Vasco de Gama. Cette colonie est très-importante par sa position sur la route de l'Inde.

MONOMOTAPA.

Quelles sont les bornes, les divisions et les villes principales du MONOMOTAPA? — Le Monomotapa, le plus méridional des États de la côte S. E. de l'Afrique, sur le canal de Mozambique, à l'E., est borné au N. O et au N. E. par le Zambezé, qui le sépare de la Cafrerie et de la côte de Mozambique; il se compose de quatre royaumes, qui sont, du S. O. au N. E., ceux d'*Inhambane*, de *Sabia*, de *Botonga*, et du *Monomotapa propre*. Ses villes principales sont : Sofala, sur le golfe du même nom, capitale du royaume de Botonga ou du Quitevé, où l'on trouve de riches mines d'or. Cette ville, importante pour le commerce avec la Cafrerie, appartient aux Portugais, qui possèdent encore quelques autres forts dans ce pays ; Zimbaoe, près du Zambezé, au N. O. de Sofala, dans l'intérieur, est la résidence du souverain du Monomotapa.

CÔTE DE MOZAMBIQUE.

Quelles sont les bornes et la capitale de la côte de Mozambique, *et à quel peuple appartient-elle ?* — La côte de Mozambique, qui s'étend le long du canal auquel elle donne son nom, à l'E., a au S. O., le Monomotapa, et, au N. E., la côte de Zanguebar ; à l'O. s'étendent les contrées inconnues de la Cafrerie. Sa capitale, qui porte le même nom, est située dans une île fertile et bien fortifiée ; son port est un des meilleurs de ces mers, et est fréquenté par les vaisseaux qui vont à Sofala, dans la mer Rouge et dans l'Inde, et qui y prennent des épices et des pierres précieuses. Elle appartient aux Portugais.

CÔTE DE ZANGUEBAR.

Quelles sont les bornes, les divisions, les villes et les productions principales de la côte de Zanguebar ? — La côte de Zanguebar, située au N. E. de celle de Mozambique, sur la côte de la mer des Indes à l'E., a la côte d'Ajan au N. E., et la Cafrerie à l'O. Elle comprend un grand nombre de petits royaumes, dont les principaux sont, du S. O. au N. E., ceux de Mongallo, de Quiloa, de Monbaze et de Mélinde, dont les capitales portent les mêmes noms. Tous ces royaumes, qui sont assez fertiles et qui renferment des mines d'or, sont tributaires des Portugais, qui y ont bâti plusieurs forts, et qui y font un grand commerce d'or et d'ivoire.

CÔTE D'AJAN.

Quelles sont les bornes, les divisions et les villes principales de la côte d'AJAN ? — La côte d'Ajan, située au N. E. de celle de Zanguebar, sur la même mer, s'étend au N. jusqu'au détroit de Bab-el-Mandeb, et a à l'O. la Cafrerie et le S. de l'Abyssinie. Elle renferme trois grands États, qui sont, du S. O. au N. E. : 1° la république de BRAVA, sous la protection des Portugais ; sa capitale porte le même nom, et fait un assez bon commerce d'étoffes d'or, d'argent et de soie. 2° Le royaume de MAGADOXO, avec une capitale du même nom, à l'embouchure du Magadoxo ; cette ville fait un commerce considérable avec les Arabes. 3° Le royaume d'ADEL, sur la côte méridionale du détroit de Bab-el-Mandeb ; il n'y pleut presque jamais. Capitale, AUÇAGUREL, au centre sur une montagne ; résidence du roi. On y trouve encore *Zéila* et *Barbora*, ports très-commerçans, sur le détroit.

Îles qui dépendent de l'Afrique.

Comment se divisent les îles de l'Afrique ? — Les îles de l'Afrique se divisent naturellement en deux portions ; celles qui sont situées dans l'Océan Atlantique, et celles qui sont disséminées dans l'Océan Indien.

Quels sont les principaux groupes d'îles situées dans l'Océan Atlantique ? — Les principaux groupes sont : 1° les AÇORES, qui par leur position à l'O. du Portugal devraient faire partie de l'Europe ; elles sont au nombre de dix, dont la dernière, nommée SOBRINA, fut produite, en 1811, par l'éruption d'un volcan sous-marin. Ces îles, qui jouissent d'un climat délicieux, appartiennent aux Portugais. La principale est Tercère, qui a environ 16 lieues de tour et une capitale, nommée *Angra*, où réside le gouverneur portugais. Ce groupe renferme 140 mille habitans. 2° Madère, au S. E. des Açores, de 16 lieues de long sur 12 de large, et peuplée de 80 mille habitans; fameuse par son vin. Les Anglais s'en sont emparés en 1807; capitale, Funchal. Au N. E. se trouvent les petites îles de *Porto-Santo*. 3° les Canaries (anciennes îles Fortunées), au S. de Madère, groupe composé de sept grandes îles et de plusieurs petites, aux Espagnols; elles sont très-fertiles et peuplées de 174 mille habitans. Les principales sont : Ténériffe, la plus considérable par son commerce, ses richesses et sa population, qui est de 60 mille habitans, et fameuse par son pic, qui s'élève, au centre de l'île, à 11,500 pieds de hauteur, et qui renferme un volcan redoutable. On a découvert, au pied de cette montagne, des cavernes où les *Guanches*, anciens habitans de ces îles, déposaient leurs cadavres. Capitale, *Laguna*. Canarie, qui a donné son nom au groupe; capitale, *Palma*. Fer, où passait le premier méridien, d'après la déclaration de Louis XIII, du 1ᵉʳ juillet 1634. 4° Les îles du Cap-Vert, au N. O. du cap de ce nom, au nombre de vingt, la plupart pierreuses et peuplées de 45 mille habitans, aux Portugais. La principale, nommée San-Iago, a environ 45 lieues de long sur 10 de large : elle est fertile, mais l'air y est malsain; sa capitale porte le même nom.

Quelles sont les autres Iles *remarquables de l'Océan Atlantique?* — Les autres îles remarquables de l'Océan Atlantique sont : 1° dans le golfe de Guinée :

Les îles de Fernando-Pô et d'Annobon, aux Espagnols; du Prince et de Saint-Thomas, aux Portugais. Elles sont fertiles, mais l'excessive chaleur y rend l'air malsain. 2° Saint-Mathieu, à l'O. des précédentes. 3° L'Ascension, au S. O. de Saint-Mathieu, rocher stérile, où l'on trouve en abondance des tortues excellentes et monstrueuses. 4° Sainte-Hélène, au S. E. de l'Ascension; de 8 lieues de circuit, entourée de rochers escarpés qui la rendent imprenable, et peuplée de 3,000 habitans. Elle est fameuse par la détention et la mort de Buonaparte. Capitale, *James-Town*; aux Anglais. 5° Les îles de Tristan d'Acunha, au S. O. de la précédente; peu connues, et dont la principale a environ cinq lieues de tour; aux Anglais.

Quelles sont les îles remarquables de l'Océan Indien ? — Les îles remarquables de l'Océan Indien sont: 1° Madagascar, séparée de l'Afrique par le canal de Mozambique, l'une des plus grandes îles du globe, de 336 lieues de long sur 120 de large; traversée, du N. au S., par une chaîne de montagnes; les côtes sont fertiles, mais malsaines. Sa population est évaluée à environ 2 millions d'habitans, divisés en plusieurs royaumes, dont un des plus puissans paraît être celui des *Séclaves;* au N. O. Ils sont toujours parvenus à détruire les établissemens que les Européens ont tenté de former sur les côtes de leur île, qui est riche en bois précieux. 2° Bourbon, à l'E. de Madagascar, de 50 lieues de tour et peuplée de 89 mille habitans; aux Français, qui s'y sont établis vers 1664. Elle est fertile, particulièrement en café d'excellente qualité. On trouve sur ses côtes de l'ambre gris, du corail et de beaux coquillages. Capitale, *Saint-Denis.* 3° L'Ile de France, autrefois *Ile Maurice*, au N. E. de Bourbon, de 45 lieues de circuit; peuplée de 40 mille habitans, et fertile en sucre, indigo, muscade, etc. Elle appartient maintenant aux Anglais, qui l'ont prise à la France, qui la possédait depuis 1720. Capitale, *Port-Louis.* A l'E. se trouve l'île *Rodrigue*, cédée par la France à l'Angleterre en 1814. 4° Les Seychelles, au N. de Madagascar; appartenant aux Anglais. La principale, nommée Mahé, a cinq lieues de tour. 5° Les Amirantes, à l'O. des précédentes.

AMÉRIQUE.

*Quand l'*AMÉRIQUE *a-t-elle été découverte? quelle est son étendue? comment se divise-t-elle, et à combien estime-t-on sa population?* — Ce vaste continent, qui forme la quatrième partie du monde, fut découvert en 1492 par Christophe Colomb, Génois, qui aborda à une des îles de Bahama, et ensuite à Saint-Domingue. En 1497, le Forentin Améric Vespuce, ayant découvert la partie méridionale, publia une relation de son voyage dans cette partie du monde, qui prit le nom d'*Amérique*. Son étendue du N. au S. est de près de 3,200 lieues. Elle se divise naturellement en deux grandes péninsules, réunies entre elles par l'isthme de *Panama*; elles portent le nom d'*Amérique septentrionale* et d'*Amérique méridionale*. On estime la population de l'Amérique et des îles qui en dépendent à 35 millions d'habitans.

AMÉRIQUE SEPTENTRIONALE.

*Quelles sont les bornes et les divisions de l'*AMÉRIQUE SEPTENTRIONALE? — L'Amérique septentrionale est bornée à l'O. par le grand Océan, au S. par l'isthme de Panama et la mer des Antilles, à l'E. par l'Océan Atlantique; au N. s'étendent des contrées inconnues et des mers toujours glacées, qu'aucun vaisseau n'a encore pu traverser. Cette partie de l'Amérique se divise en six grandes contrées, qui sont: le *Groënland*, la *Nouvelle-Bretagne*, la *Côte du Nord-Ouest*, les *États-Unis*; la *Nouvelle-Espagne*, et les *Antilles*.

Quels sont les principaux GOLFES *de l'Amérique septentrionale?* — Les principaux sont:

La baie d'*Hudson*, à l'O. du Labrador: elle forme au S. celle de *James*.

Le golfe *Saint-Laurent*, entre l'île de Terre-Neuve et les États-Unis.

La baie de *Fundi*, entre l'Acadie et les États-Unis.

Le Golfe du *Mexique*, entre les Florides et le Mexique.

Les baies de *Bristol* et de *Norton*, sur la côte Nord-Ouest.

Quels sont les principaux DÉTROITS *de l'Amérique septentrionale ?* — Les principaux sont ceux,

De *Davis*, à l'entrée de la mer de Baffin;

D'*Hudson*, à l'entrée de la baie de ce nom;

De *Belle-Ile*, entre Terre-Neuve et le Labrador;

Et le canal de *Bahama*, entre la Floride et les îles Lucayes ou de Bahama.

Quels sont les principaux LACS *de l'Amérique septentrionale ?* — Les principaux lacs de cette partie du monde, qui sont très-nombreux et fort considérables, sont: 1° entre le Canada et les États-Unis, les lacs: *Supérieur*, de 500 lieues de circuit, le plus grand de tous ceux de l'Amérique; *Michigan*, de 93 lieues de long, sur 20 de large; *Huron*, de 75 lieues de long, sur 60 de large; *Érié*, de 75 lieues de long, sur 9 à 14 de large; et *Ontario*, d'environ 200 lieues de tour. Ces cinq lacs se déchargent l'un dans l'autre; les deux derniers sont réunis par le *Niagara*, qui, à 4 lieues au-dessus de son embouchure dans le lac Ontario, se précipite de 150 pieds de haut: le bruit de cette magnifique cataracte se fait entendre de trois lieues.

2° Le lac *Champlain*, au N. des États-Unis; il a 60 lieues de long, sur 12 de large, et communique avec le fleuve Saint-Laurent par le *Chambly*.

3° Les lacs: *Winipeg*, d'environ 80 lieues de long sur 15 de large; *Assiniboin*, *des Montagnes*, et de l'*Esclave*, peu connus, au N. de l'Amérique.

Quelles sont les principales PRESQU'ÎLES *de l'Amérique septentrionale ?* — On en compte six principales, savoir:

Le *Labrador*, au N. E., entre le golfe de Saint-Laurent et la baie d'Hudson.

L'*Acadie*, ou Nouvelle-Écosse, entre la baie de Fundi et l'Océan.

La *Floride orientale*, au S. des États-Unis, entre l'Océan et le golfe du Mexique.

Le *Yucatan*, au N. E. de la Nouvelle-Espagne, dans le golfe du Mexique.

La *Vieille Californie*, à l'O. du Mexique, entre la mer Vermeille et le grand Océan.

L'*Alaska*, sur la côte N. O., près des îles Aléutiennes.

Quels sont les principaux Caps *de l'Amérique septentrionale?* — Les principaux sont :

Le cap *Farewel*, au S. du Groënland ;
Le cap *Hatteras*, à l'E. des États-Unis ;
Le cap de la *Floride*, au S. de cette presqu'île ;
Le cap des *Courans*, à l'E. du Mexique ;
Le cap *Saint-Lucar*, au S. de la Californie.

Quelles sont les principales chaînes de Montagnes *de l'Amérique septentrionale?* — Une longue chaîne de montagnes traverse l'Amérique septentrionale du N. au S. Elle suit d'abord la direction de la côte, N. O., et porte le nom de *Montagnes Rocheuses*. Le mont *Saint-Élie*, de 2,820 toises de hauteur, est le sommet le plus élevé de cette partie de la chaîne dont nous parlons, qui s'étend ensuite dans le Mexique, où elle se maintient à une hauteur de 5 à 6,000 pieds. Elle contient plusieurs volcans, dont les principaux sont : le *Popocatepec* et le pic d'*Orizaba*, qui ont près de 2,600 toises de hauteur. Cette partie de la chaîne contient des mines d'or et d'argent, qui produisent annuellement 120 millions de francs. Outre cette chaîne, on trouve à l'E. celle des *Apalaches*, nommées aussi *Alleghanys* et *Montagnes Bleues*, qui traversent les États-Unis du N. E. au S. O. dans une longueur d'environ 300 lieues, sur 20 à 60 de largeur.

Quelles sont les principales Rivières *de l'Amérique septentrionale?* — Les plus considérables sont :

Le *Saint-Laurent*, qui sort du lac Ontario, grossi des eaux de tous les grands lacs de cette partie de l'Amérique, traverse une partie du Canada, et va se jeter dans le golfe auquel il donne son nom, par une embouchure de 30 lieues de largeur.

Le *Mississipi*, dont la source est inconnue ; il traverse la Louisiane, et se jette dans le golfe du Mexique, après un cours estimé à plus de 1,000 lieues, et dans lequel il reçoit à sa gauche l'*Ohio* et la rivière des *Illinois*, qui arrosent les États-Unis, et à sa droite la *rivière Rouge*, l'*Arkansas* et le *Missouri*, qui a 7 à 800 lieues de cours.

La *Columbia*, qui arrose la partie la plus occidentale des États-Unis, et se jette dans le grand Océan, grossie de la rivière de *Lewis*.

Le *Rio-Colorado*, qui sort des Montagnes Rocheuses, et se jette dans la mer Vermeille.

GROENLAND.

Quels sont la position, les habitans, les établisse-

mens européens, *et la population du* Groenland? — Le Groënland, dont le nom signifie *terre verte*, est situé entre la mer de Baffin, à l'O., et l'Océan septentrional, au S. et à l'O.; ses bornes au N. sont inconnues. L'hiver, qui dure neuf mois, y est très-rigoureux; mais les chaleurs de l'été y font éclore une belle végétation. La pêche de la baleine, qui abonde sur ses côtes, y a fait former par les Danois une douzaine d'établissemens, dont le principal est *Gothaab*, au S. O.: le poste le plus voisin du pôle est sous le $72.^e$ degré de latitude. On estime la population de ce pays à 40 mille habitans, dont 3,586 Européens, formant dix-sept colonies, et le reste appartenant aux *Esquimaux*, qui occupent toutes les régions septentrionales de l'Amérique.

Où est situé le Spitzberg? Le Spitzberg, qui, par sa position, doit être regardé comme appartenant à l'Europe, est situé à l'E. du Groënland; il tire son nom d'une chaîne de rochers escarpés qui le bordent; il est très-peu connu, et n'est fréquenté que par ceux qui vont à la pêche de la baleine dans ces parages, et particulièrement par les Russes, qui y ont formé un établissement.

NOUVELLE-BRETAGNE.

Quelles sont les bornes et les divisions de la Nouvelle-Bretagne? — Nous comprendrons sous le nom de Nouvelle-Bretagne tous les pays peu connus qui occupent le nord de l'Amérique septentrionale, depuis la rivière de *Mackensie*, les Montagnes Rocheuses et le grand Océan, à l'O., jusqu'à l'Océan septentrional, à l'E. Cette immense contrée, qui embrasse plus de 20 degrés du N. au S., et plus de 70 de l'O. à l'E., peut se diviser en cinq grandes parties, savoir la *Nouvelle-Ecosse* et le *Nouveau-Brunswick*, au N. E. le *Canada*, au centre; la *Nouvelle-Galles*, et la *Ré-*

gion *des lacs*, au N. O. Ces deux dernières sont très-peu connues, et n'ont d'importance que par les fourrures qu'on en tire.

Quels sont la position et les habitans du LABRADOR? — Le LABRADOR, entre l'Océan septentrional, à l'E., le détroit d'Hudson au N., la baie de ce nom à l'O., et le Canada au S., est un pays très-froid, habité par des Esquimaux, qui vivent de leur pêche. Une secte chrétienne, nommée les *Frères Moraves*, a formé parmi eux quelques établissemens.

Quelles sont la position, la population et les villes principales de la NOUVELLE-ÉCOSSE *et du* NOUVEAU-BRUNSWICK? — La NOUVELLE-ÉCOSSE, qui forme, au S. du golfe Saint-Laurent, une presqu'île importante par le grand nombre de bons ports qui s'y trouvent et par son commerce de pelleteries, a été cédée aux Anglais, en 1763, par les Français, qui y avaient formé, en 1604, plusieurs établissemens, dont le *Port-Royal*, aujourd'hui *Annapolis*, était le principal. Elle renferme environ 125 mille habitans, et a pour capitale HALIFAX, au S. E. — Le NOUVEAU-BRUNSWICK, situé au N. O. de la Nouvelle-Écosse, renferme 60 mille habitans, et a pour capitale FRÉDÉRICKSTOWN, au S. O ; mais *Saint-Jean*, située au S. E., en est la ville la plus importante.

Quelles sont la position, la population, les divisions et les villes principales du CANADA? Le Canada, qui s'étend au N. des États-Unis et de tous les grands lacs de l'Amérique, embrasse une immense étendue de pays fort peu connus, dont quelques parties sont très-fertiles. Il appartenait à la France, qui l'a cédé à l'Angleterre en 1763 ; il renferme environ 50 mille habitans. On le divise en *Haut-Canada*, à l'O., et *Bas-Canada*, à l'E. Le premier a pour villes principales YORK, capitale sur le lac Ontario, et *Kingston*, sur le fleuve Saint-Laurent ; le second renferme *Montréal*, dans une île du même fleuve ; *les Trois-Ri-*

vières, petite ville, ainsi nommée, de trois rivières qui se jettent dans le même fleuve; et enfin QUÉBEC, aussi sur le Saint-Laurent, ville belle et forte, capitale de tout le Canada, et résidence du gouverneur.

A l'embouchure du fleuve se trouve l'île stérile d'*Anticosti*, qui dépend du Canada, et sur les côtes de laquelle on pêche de la morue: elle a environ 40 lieues de long sur 10 de large.

Quelles sont les principales îles situées sur les côtes de la Nouvelle-Bretagne? — Les principales sont: TERRE-NEUVE, séparée du continent par la baie de Saint-Laurent et le détroit de Belle-Ile: elle est presque triangulaire, et a 117 lieues, dans sa plus grande longueur. A 60 lieues à l'E. s'étend le grand banc de sable de 250 lieues de long sur 80 de large, fameux par la pêche de la morue. Les Français ont abandonné Terre-Neuve à l'Angleterre, en se réservant le droit de pêche sur une partie des côtes et deux autres petites îles nommées *Saint-Pierre* et *Miquelon*, au S. — SAINT-JEAN, dans le golfe Saint-Laurent: chef-lieu *Charlotte-Town*. — L'ILE-ROYALE ou du *Cap-Breton*, à l'E. de la précédente, séparée de la Nouvelle-Ecosse par un détroit d'une lieue: chef-lieu *Louisbourg*; ces deux îles appartiennent aussi à l'Angleterre, qui possède encore les BERMUDES, situées au S. O., à 200 lieues environ de la côte des États-Unis.

CÔTE DU NORD-OUEST.

Comment se divise la côte du NORD-OUEST, *et quelle est la partie qui porte le nom d'*AMÉRIQUE RUSSE? — La côte du Nord-Ouest, dont le nom indique la position, renferme au S. les *Possessions anglaises*, et au N. l'AMÉRIQUE RUSSE, qui s'étend depuis les côtes du détroit de Béhring, jusqu'au 54e degré 40 minutes de latitude septentrionale, et jusqu'à la rivière Mackensie, à l'E. On peut y rattacher les îles *Aléoutes* ou *Aleutiennes*, qui forment une chaîne qui semble lier l'Asie à l'Amérique. Tous ces pays sont gouvernés par une compagnie de négocians russes, qui font un immense commerce des fourrures très-recherchées qu'on en tire. Les colonies renferment environ 10 mille habitans, non compris les Russes.

De quoi se composent les POSSESSIONS ANGLAISES *sur la côte du Nord-Ouest?* — Les possessions anglaises, situées au S. de l'Amérique russe, se composent du *Nouvel-Hanovre* et de la *Nouvelle-Géorgie*, et s'étendent jusqu'à la rivière Colombia. A ces pays, où l'on ne trouve point de villes, il faut ajouter les îles qui sont situées sur les côtes et qui en dépendent. Les principales sont celles du *roi Georges*, du *prince de Galles*, de la *reine Charlotte*, de *Quadra* et de *Vancouver :* dans la dernière se trouve la baie de *Nootka*, où il se fait un grand commerce de pelleteries, seul objet qui attire les Européens dans ces parages.

ÉTATS-UNIS.

Quels sont les bornes, les divisions, le gouvernement et la population des ÉTATS-UNIS? — Les États-Unis, qui sont d'anciennes colonies anglaises qui ont secoué le joug de la mère-patrie, en 1776, occupent toute la partie centrale de l'Amérique septentrionale. Ils ont pour bornes, au N., les possessions anglaises; à l'O., le grand Océan; au S. O., le Nouveau-Mexique; au S., le golfe du Mexique, et à l'E., l'Océan Atlantique. Ces États, aujourd'hui au nombre de vingt-quatre, forment une république fédérative avec un gouvernement général et fédéral, composé d'un président élu pour quatre ans, et entre les mains duquel est remis le pouvoir exécutif; d'un sénat composé de deux députés de chaque État; et d'une chambre des représentans. Chaque État a, en outre, son gouvernement particulier. La population, qui s'accroît très-rapidement, doit être aujourd'hui d'environ 12 millions d'habitans. (Voyez le tableau à la fin du volume).

Quelles sont les principales villes des États-Unis ?
— Les plus remarquables sont du N. au S. BOSTON, très-bon port ; patrie de Franklin, l'une des plus belles villes des États-Unis, et la plus commerçante après NEW-YORK, la ville la plus peuplée des États-Unis ; brûlée pendant la guerre de l'indépendance, et rebâtie depuis. Elle possède un beau collége, un arsenal et des chantiers pour la construction des vaisseaux. Population, 140 mille habitans. PHILADELPHIE, dans la Pensylvanie, ainsi nommée de Guillaume Penn, chef des quakers, qui vint s'y établir en 1681. Cette ville, une des plus belles et des plus florissantes de l'Amérique, a été jusqu'en 1800 le siége du congrès. Population, 136 mille habitans. BALTIMORE, port très-commerçant. Population, 70 mille habitans. WASHINGTON, capitale du district de Colombia ; ville nouvelle, fondée en 1792, en l'honneur du général Washington, libérateur de l'Amérique ; pour être le siége du congrès, qui y a tenu sa première séance en 1800. Elle est située à 95 lieues de la mer, sur le *Potowmack*, que les gros vaisseaux remontent jusque-là avec la marée. La NOUVELLE-ORLÉANS, au S., sur le golfe du Mexique ; capitale de la Louisiane, vaste pays de l'Amérique, qui a long-temps appartenu à la France, qui l'a cédée, en 1763, à l'Espagne, qui l'a vendu aux États-Unis en 1803.

POSSESSIONS ESPAGNOLES (1).

Comment se divisent les POSSESSIONS ESPAGNOLES *dans l'Amérique septentrionale, et quelle est leur*

---

(1) Quoique tous les États qui composent les possessions espagnoles dans les deux Amériques aient subi de grands changemens depuis le commencement de la révolution, qui tend

population ? — Les possessions espagnoles, dans l'Amérique septentrionale, peuvent se diviser en trois grandes contrées, savoir : la *Californie*, divisée en *Vieille*, entre l'Océan et la mer Vermeille, et *Nouvelle*, au N.; le *Nouveau-Mexique*, à l'E. de la Californie, et le *Vieux Mexique ou Nouvelle-Espagne*, si fameuse par la richesse de ses mines, qui occupe toute la partie méridionale, et tout l'isthme qui unit les deux Amériques. La population de ces diverses provinces peut être évaluée à environ 8 millions et demi d'habitans, dont 2 millions et demi appartiennent à l'ancienne nation des Aztèques, peuple puissant et civilisé qui possédait le Mexique quand Fernand Cortez en fit la conquête. Depuis 1821 le Mexique s'est déclaré indépendant de l'Espagne, et forme deux républiques séparées, dont l'une se compose du Mexique proprement dit, et l'autre de la province de Guatimala.

Quelles sont les villes remarquables des possessions espagnoles dans l'Amérique septentrionale ? — Les principales sont : MONTE-REY, au N. O., capitale de la Nouvelle-Californie. NOTRE-DAME DE LORETTE, capitale de la Vieille, ville forte. SANTA-FÉ, capitale du Nouveau-Mexique, pays très-fertile, mais peu habité. MEXICO, ancienne capitale des Aztèques, prise en 1521, par Fernand Cortez, et encore aujourd'hui la ville la plus belle et la plus considérable du Nouveau-Monde, et le centre du commerce de l'Amérique Espagnole. Population, 155 mille habitans. GUADALAXARA, au N. O, capitale de la riche et fertile province du même nom ; population, 70 mille habitans. GUANAXUATO,

---

à les séparer de la métropole, comme cette révolution n'est point encore terminée, et que les nouveaux États ne sont point encore reconnus de la plupart des puissances européennes, nous suivons toujours les anciennes divisions, en indiquant toutefois les changemens politiques qui y sont survenus.

fameuse par la richesse de ses mines d'or et d'argent, et renfermant 36 mille habitants. La Puebla, au S E. de Mexico, ville très-manufacturière, qui a 68 mille habitants. La Vera Cruz, bon port sur le golfe du Mexique ; ancien entrepôt des marchandises de l'Europe et du Mexique. Acapulco, au S. O. de Mexico, port très-commerçant sur le grand Océan. Guatimala, capitale de la province du même nom, la plus belle et la plus riche de la Nouvelle-Espagne, qui, comme nous l'avons dit, forme aujourd'hui une république séparée avec 1 million 600 mille habitants.

ANTILLES.

Où sont situées les Antilles, *et comment se divisent-elles ?* — Les Antilles forment une chaîne qui s'étend depuis la pointe de la Floride orientale jusque vers l'embouchure de l'Orénoque ; elles se divisent en trois groupes, savoir : les *Lucayes*, ou îles de *Bahama*, au N., les *Grandes-Antilles*, au S., et les *Petites-Antilles*, au S. E. des Grandes, et qui se divisent elles-mêmes en *îles du Vent* au N. E. ; et *Iles sous le Vent* au S. O.

A qui appartiennent les îles Lucayes, *et quelles en sont les principales ?* — Les îles Lucayes ou de Bahama appartiennent aux Anglais, et sont au nombre de 500, dont les principales sont : Bahama, qui donne son nom au détroit qui la sépare de la Floride. La Providence et Saint-Sauveur, ou *Guanahani*, la première que Christophe Colomb découvrit dans le Nouveau-Monde, en 1492.

Quelles sont les îles comprises sous le nom de Grandes-Antilles, *et quelles en sont les villes remarquables ?* — Les grandes Antilles sont au nombre de quatre, savoir : 1° Cuba, à l'O., de 210 lieues de long sur 36 de large, découverte par Christophe Colomb, en 1494 ; elle est très-fertile, et renferme des mines d'or. Pop., 725 mille habitans. Les villes principales sont : LA HAVANE, au N. O., capitale, très-commerçante, avec un excellent port et 83 mille habitans. SAN-IAGO, au S. E.; aux Espagnols. 2° La JAMAÏQUE, au S. de Cuba, de 54 lieues de long sur 20 de large, découverte, en 1494, par Christophe Colomb, et prise en 1655, sur les Espagnols par les Anglais, dont elle est, par son admirable fertilité, une des plus riches colonies. Population, 402 mille habitans, dont 25 mille Anglais. Villes principales : KINGSTOWN, port principal. SPANISTOWN, capitale de l'île sous les Espagnols. 3° SAINT-DOMINGUE, ou HAÏTI, à l'E. des précédentes, de 175 lieues de long sur 30 de large; la plus riche des Antilles, découverte, en 1492, par Christophe Colomb, qui l'appela *Hispaniola*. Elle était divisée en deux parties, dont l'une, à l'O., appartenait aux Français, qui l'ont perdue, en 1793, par l'insurrection des nègres, dont ils viennent de reconnaître l'indépendance, et qui sont aussi devenus les maîtres de l'autre partie située à l'E., et qui appartenait aux Espagnols. L'île entière renferme 935 mille habitans, et a pour villes principales : le CAP, le port le plus fréquenté de l'île et dans les environs duquel croît le meilleur sucre. PORT-AU-PRINCE, ancienne capitale de la partie française. SAN-DOMINGO, au S. E., capitale de la partie espagnole. 4° PORTO-RICO, à l'E. de Saint-Domingue, de 40 lieues de long sur 20 de large; elle est très-fertile, et renferme 225 mille habitans, dont 17,500 blancs; capitale, SAINT-JEAN, avec un bon port, défendu par plusieurs forts; aux Espagnols.

Quelles sont celles des Petites-Antilles qui appartiennent à l'ANGLETERRE? — Les Anglais possèdent, parmi les petites Antilles, LES ILES-VIERGES, dont deux, savoir, *Saint-Thomas* et *Saint-Jean*, ont été restituées par eux aux Danois, en 1814. SAINT-CHRISTOPHE, d'environ 25 lieues de tour. Pop., 42 mille habitans, dont 6 mille blancs. Antigoa; capitale, Saint-Jean; 37 mille habitans, dont 7 mille blancs. Saint-Vincent, de 8 lieues de long sur autant de large; capitale, Kingstown; 13 mille habitans, dont 1,400 blancs. Les Caraïbes, qui s'y trouvaient en plus grand nombre que dans aucune autre des Antilles, s'y soulevèrent, en 1774, contre les Anglais, qui les déportèrent à la Terre-Ferme. La Dominique, de 12 lieues de long sur 6 de large; île fertile, qui a pour capitale, Les Roseaux, peuplée de 5 mille habitans. La Barbade, de 16 lieues de long sur cinq de large. Population, 80 mille habitans; capitale, Bridgestown. Sainte-Lucie, cédée par la France à l'Angleterre, en 1814. Population, 25 mille habitans. La Grenade, de 10 lieues de long sur 6 de large; cédée par les Français aux Anglais en 1783; capitale, Port-Royal. La Trinité, de 110 lieues de circuit, près de la côte de la Terre-Ferme; cédée définitivement par les Espagnols aux Anglais, en 1810. Population, 28 mille habitans; capitale, Saint-Joseph. Tabago, originairement aux Portugais, prise et reprise plusieurs fois par les Français et les Anglais; elle est restée à ces derniers, en 1814. Population, 8,400 habitans. Capitale, Scarboroug.

Quelles sont celles des Petites-Antilles qui appartiennent à la France? — Parmi les Petites-Antilles, les Français possèdent la Guadeloupe, de 25 lieues de long sur six de large, divisée en deux îles, qui sont fertiles, et renferment 95 mille habitans. La Basse-Terre en est la capitale. La Désirade et Marie-Galante au S. E. de la précédente. La Martinique, de 20 lieues de long sur 6 de large, la principale des Antilles françaises; très-fertile et importante par son commerce; prise en 1809 par les Anglais, qui l'ont restituée à la France en 1814. Population, 99 mille habitans. Capitale, le Fort-Royal, résidence du gouverneur des Antilles. Saint-Martin, dont une partie appartient aux Hollandais. La population de toutes les

Antilles françaises s'élève à 207,683 habitans, dont 165,300 esclaves.

Quelles sont celles des Petites-Antilles qui appartiennent à la HOLLANDE, *à la* SUÈDE *et à l'*ESPAGNE? — Parmi les Petites-Antilles les Hollandais possèdent : SARA, SAINT-EUSTACHE, dans les îles du Vent. CURAÇAO, île sous le Vent, d'où l'on tire le meilleur curaçao. Sa capitale porte le même nom.

Les Suédois : SAINT-BARTHÉLEMY, l'une des îles du Vent

Les Espagnols : SAINTE-MARGUERITE, l'une des îles sous le Vent, peuplée de 14 mille habitans. Capitale, l'ASCENSION.

AMÉRIQUE MÉRIDIONALE.

*Quelles sont les bornes et les divisions de l'*AMÉRIQUE MÉRIDIONALE ? — L'Amérique méridionale est bornée au N. par la mer des Antilles et l'isthme de Panama, qui la joint à l'Amérique septentrionale; elle a l'Océan Atlantique à l'E., l'Océan Indien à l'O.; et au S. le détroit de Magellan, qui la sépare de la Terre de Feu, au S. de laquelle s'étend le grand Océan Austral. Cette partie de l'Amérique se divise en huit grandes contrées, savoir : le *Gouvernement de Caraccas*, la *Nouvelle-Grenade*, le *Pérou*, le *Chili* et la *Vice-Royauté de la Plata*, qui forment les possessions espagnoles au N. et à l'O.; la *Guyane* et le *Brésil* à l'E., et la *Patagonie* au S.

Quels sont les principaux GOLFES *de l'Amérique méridionale?* — Les principaux sont :
La baie de *Darien*, au N. de la Nouvelle-Grenade.
Celle de *Tous-les-Saints*, à l'E. du Brésil.
Les golfes *Saint-Mathias, Saint-Georges*, la *Grande-Baie*, à l'E. de la Patagonie.
Le golfe de *Los Chonos*, au S. du Chili.
Celui de *Guayaquil*, à l'O. du Pérou.
La baie de *Panama*, à l'O. de la Nouvelle-Grenade.

142 AMÉRIQUE MÉRIDIONALE.

Quels sont les principaux Détroits *de l'Amérique méridionale?* — Les principaux sont ceux :

De *Magellan*, qui sépare la Terre de Feu de l'Amérique;
De *Lemaire*, entre la Terre de Feu et celle des États.

Quels sont les principaux Lacs *de l'Amérique méridionale?* — Les principaux sont ceux :

De *Maracaïbo*, d'environ 40 lieues de long, au N. O. du gouvernement de Caraccas, et communiquant au N. avec la mer des Antilles;
De *Parime*, au S. E. du Caraccas;
De *Titicaca*, ayant 80 lieues de tour, dans le Pérou.

Quels sont les principaux Caps *de l'Amérique méridionale?* — Les plus remarquables sont les caps :

De la *Véla*, au N. de la Nouvelle-Grenade;
Nassau et du *Nord*, dans la Guyane.
Saint-Roch, *Saint-Augustin*, *Rio* et *Sainte-Catherine*, dans le Brésil;
Saint-Antoine, *Blanc* et *des Vierges*, sur la côte orientale de la Patagonie, et *de la Victoire*, sur la côte occidentale;
De *Horn*, au S. de la Terre de Feu;
Blanc, à l'O. du Pérou;
Saint-François, à l'O. de la Nouvelle-Grenade.

Quelles sont les principales Montagnes *de l'Amérique méridionale?* — La principale chaîne est celle des *Andes*, ou *Cordilières*, qui traverse l'Amérique méridionale dans toute sa longueur, à peu de distance de la côte occidentale; elle renferme les plus hautes montagnes du monde, après celles du Thibet, savoir : le *Chimboraço*, haut de 3,357 toises; le *Cayembé*, 3,030; l'*Antisana*, 2,991. Sur cette dernière se trouve une métairie, qui est le lieu le plus élevé qui soit habité sur le globe.

Quelles sont les principales Rivières *de l'Amérique méridionale?* — C'est dans cette partie de l'Amérique que se trouvent les plus grands fleuves du monde; ils descendent presque tous de la chaîne des Andes, et se jettent dans l'Océan Atlantique; les principaux sont :

L'*Orénoque*, qui prend sa source dans la Nouvelle-Grenade, traverse le Caraccas, et se jette dans l'Océan Atlantique, par un grand nombre d'embouchures, après un cours de 560 lieues.

La rivière des *Amazones* ou *Maragnon*, qui prend sa source dans le Pérou, traverse l'Amérique méridionale dans toute sa largeur, et se jette dans l'Atlantique par deux embouchures, presque sous l'équateur, après un cours de 1,000 à 1,100 lieues. Elle reçoit dans son cours un grand nombre de rivières considérables, dont les principales sont: le *Rio de la Madéra*, et l'*Araguay*, qui ont plus de 500 lieues de cours, sur la rive droite; et sur la rive gauche, le *Rio-Negro*, qui la fait communiquer avec l'Orénoque par le *Cassiquiare*, un des affluens de ce dernier.

La Plata, formée du *Paraguay*, de l'*Uraguay* et du *Parana*, qui prennent leur source dans le Brésil. Elle coule vers le S., traverse la vice-royauté de la Plata, et se jette dans l'Atlantique, au-dessous de Buénos-Ayres, par une large embouchure, après un cours de près de 750 lieues.

Le *San-Francisco*, qui arrose le Brésil du S. O. au N. E., et qui, quoique bien moins considérable que ceux dont nous venons de parler, égale presque les plus grands de l'Europe, puisque son cours est de plus de 400 lieues.

POSSESSIONS ESPAGNOLES.

De quoi se composent les anciennes possessions espagnoles dans l'Amérique méridionale, et quel est leur état actuel ? — Les possessions espagnoles dans l'Amérique méridionale occupent près de la moitié de cette immense péninsule : elles se composent, comme nous l'avons déjà dit, du *gouvernement de Caraccas*, de la *Nouvelle-Grenade*, du *Pérou*, du *Chili*, et de la *vice-royauté de la Plata*, qui ne renferment pas plus de 8 millions d'habitans, dont les deux tiers sont indigènes et divisés en un grand nombre de peuplades, différentes entre elles par les mœurs et le langage. Ces diverses provinces, qui depuis 1809, travaillent à se rendre indépendantes de la mère-patrie, y ont à peu près réussi. Les deux premières se sont réunies sous la dénomination de *république de Colombie*; les trois autres forment autant de républiques séparées, dont la dernière porte le nom de république des *Provinces-Unies de la Plata*.

Quelles sont les bornes, la population, les divisions et les villes principales du gouvernement de CARACCAS? — Cette vaste contrée est bornée au N. par la mer des Antilles, à l'O. et au S. O. par la Nouvelle-Grenade, au S. E. et à l'E. par la Guyane : elle renferme plus d'un million d'habitans, et se compose de cinq provinces, au nombre desquelles nous mettons la *Guyane*

Espagnole, qui y a été réunie. Les villes principales sont: Léon de Caraccas, au N., capitale de tout le gouvernement, archevêché. Population, 73 mille habitans. Cumana, à l'E.; Maracaïbo, sur le lac du même nom, à l'O., toutes deux capitales des provinces qui portent leur nom. Saint-Thomas, sur l'Orénoque, capitale de la Guyane Espagnole.

Quelles sont les bornes, la population, les divisions et les villes principales de la Nouvelle-Grenade? — Cette province, située à l'O. de la précédente, est bornée au N. par la mer des Antilles; à l'O. par le golfe de Panama et le grand Océan, et au S. par le Pérou. Elle renferme environ 2 millions d'habitans, et se divise en trois gouvernemens, qui sont: la *Terre-Ferme*, qui occupe le N. et l'isthme de Panama; la *Nouvelle-Grenade* proprement dite, à l'E. et au S. de la précédente et le *royaume de Quito*, au S. Les principales villes sont: Carthagène, au N. E.; ville riche et considérable, avec un port sur la mer des Antilles, le meilleur de l'Amérique; capitale de la Terre-Ferme. Population, 24 mille habitans. Panama et Porto-Bello, ports situés à peu de distance l'un de l'autre, le premier sur la baie de son nom, le second sur la mer des Antilles. Santa-Fé-de-Bogota, au pied des Cordilières, dans une plaine élevée de 8,000 pieds au-dessus du niveau de la mer, capitale du gouvernement et de toute la vice-royauté de la Nouvelle-Grenade. Population 30 mille habitans. Popayan, au S. O., ville très-commerçante, chef-lieu d'un vaste district, riche en or et en pierres précieuses. Quito, bâtie sur le penchant du Pichincha, à 8,832 pieds au-dessus du niveau de la mer; renversée, en 1755, par un tremblement de terre; ville considérable par son commerce et par sa population, qui est de 60 mille habitans, dont 10 mille Espagnols; capitale du royaume de son nom, qui renferme des mines d'or et d'argent, et qui produit le véritable quinquina. Guayaquil, sur

POSSESSIONS ESPAGNOLES. 145

la baie de son nom; vaste chantier pour la construction des vaisseaux.

Quelles sont les bornes, les divisions et les villes principales du Pérou? — Le Pérou est situé au S. de la Nouvelle-Grenade, et borné à l'O. par le grand Océan, au S. par le Chili, et à l'E. par le Brésil; il s'étend des deux côtés de la chaîne des Andes, dans laquelle se trouvent de nombreuses mines d'or et d'argent. Il formait, avant sa découverte par les Espagnols, un empire puissant, gouverné par des princes nommés *Incas*. Ce pays, qui renferme 1 million 400 mille habitans, était divisé par les Espagnols en six gouvernemens. Ses villes principales sont: LIMA, à deux lieues de la mer, sur laquelle se trouve son port nommé *Callao*; capitale du Pérou; ville considérable et commerçante, mais fort sujette aux tremblemens de terre, qui la détruisirent presque entièrement, en 1746. Population, 54 mille habitans, dont 17 mille blancs. Cusco, au S. E. de Lima, grande ville, ancienne capitale de l'empire des Incas, chef-lieu d'une province. Population, 40 mille habitans. Aréquipa, au S. des précédentes, détruite, en 1784, par un tremblement de terre, avant lequel elle renfermait 40,000 habitans; chef-lieu d'une province.

Quelles sont les bornes, la population, les divisions et les villes principales du Chili? — Le Chili, qui s'étend au S. du Pérou, le long de la côte du grand Océan, à l'O., est borné au S. par la Patagonie, qui, avec la vice-royauté de la Plata, le borne aussi à l'E. Il renferme environ 1,100 mille habitans, y compris les *Araucans* ou *Araucaniens*, nation farouche et belliqueuse que les Espagnols n'ont jamais pu réduire: il se divise en quatre parties principales, dont les îles de *Chiloé*, situées au S., forment la quatrième. Les villes principales sont: SAN-IAGO, capitale de tout le Chili, et particulièrement du Chili propre, fort sujette aux tremblemens de terre; prise, en 1818, par les insurgés de Buénos-Ayres. Population, 46 mille ha-

7

bitans. VALPARAISO, au N. O., le meilleur port du Chili, ville très-commerçante. LA CONCEPTION, la seconde ville du Chili. BALDIVIA, bon port, au S. CASTRO, capitale des îles Chiloé. A 100 lieues des côtes, dans le grand Océan, se trouvent les îles de *Juan-Fernandez*, où fut abandonné, en 1709, le matelot Selkirk, qui a donné lieu au roman de *Robinson Crusoé*.

Quelles sont les bornes, la population, les divisions et les villes principales de la vice-royauté de la PLATA? — Cette grande province, située à l'E. de celle que nous venons de décrire, entre le Brésil au N., l'Océan Atlantique à l'E, et la Patagonie au S., renferme 2 millions 300 mille habitans, dont 700 mille Indiens, et se divise en deux parties principales, savoir : le *Tucuman* à l'O, et le gouvernement de de *Buénos-Ayres* à l'E. Ce dernier se divise en trois provinces, savoir : le *Paraguay* au N., la province de *Monte-Video* à l'E. et celle de *Buénos-Ayres* au S. Les villes principales sont : BUÉNOS-AYRES, sur la rive droite de la Plata, et devenue, depuis 1809, la capitale de la république des provinces unies de la Plata. Population, 64 mille habitans. L'ASSOMPTION, sur le Paraguay, ville grande et peuplée, capitale du Paraguay, qui est resté indépendant de la république, sous l'administration d'un chef particulier. MONTE-VIDEO, située sur la rive gauche et près de l'embouchure de la Plata. Les Brésiliens s'en sont emparés, depuis 1816. POTOSI, au N. O., célèbre par ses mines inépuisables d'argent, qui occupent 30 mille ouvriers. La ville contient, en outre, 70 mille habitans.

GUYANE.

Quelles sont les bornes, les divisions et les villes principales de la GUYANE? — La Guyane, comprise entre l'Orénoque au N., et le fleuve des Amazones au S., occupe une étendue de plus de 300 lieues de côtes sur l'Océan Atlantique, et s'étend à 320 lieues dans l'intérieur, jusqu'à la Nouvelle-Grenade, à l'O. Elle se divise en quatre parties, savoir : 1° la GUYANE ESPAGNOLE, comprise dans le gouvernement de Caraccas, au N.; 2° la GUYANE HOLLANDAISE ou SURINAM au S. de la précédente; elle a pour capitale PARAMARIBO ou SURINAM, sur la rivière du même nom. Une partie de ce pays, située le long des rivières *Essequibo*, *Démérari* et *Berbice*, appartient maintenant aux Anglais, qui s'en sont emparés en 1803. 3° La GUYANE FRANÇAISE, qui s'étend à l'O. jusqu'au fleuve Maroni, et occupe environ 60 lieues de côtes sur 150 de profondeur : elle a pour capitale CAYENNE, port de mer et résidence du gouverneur, dans une île de 20 lieues de tour, formée en partie par la rivière du même nom, et renfermant 11,500 habitans. 4° La GUYANE PORTUGAISE, maintenant réunie au Brésil.

BRÉSIL.

Quels sont les bornes, la population, le gouvernement et les divisions du Brésil? — Le Brésil, découvert, en 1500, par le Portugais Alvarès Cabral, s'étend le long de l'Océan Atlantique, qui, avec le fleuve des Amazones, le borne encore au N. Il touche à l'O. les possessions espagnoles du Pérou et de la Plata. Il a 820 lieues de long sur 330 de large. C'est un pays très-sain et très-fertile, et qui renferme des mines d'or et de pierres précieuses. Le roi de Portugal, forcé d'abandonner ses États en 1807, était allé s'y établir avec sa famille : une révolution, qui y a éclaté depuis son retour en Europe, tend à séparer de la métropole cet immense pays gouverné aujourd'hui par un des fils du roi de Portugal, qui a pris le titre d'empereur du Brésil. On porte la population à 4 millions d'habitans, dont 500 mille Européens. L'intérieur est peu connu. Les Portugais le divisent en quatorze capitaineries.

Quelles sont les principales villes du Brésil? —

Les principales villes du Brésil sont : RIO-JANEIRO, sur le fleuve de ce nom, à deux lieues de son embouchure, capitale du Brésil et siége du gouvernement; elle a un bon port défendu par quinze ou vingt forts. Duguay-Trouin s'en rendit maître en 1711. Population, 120 mille habitans. OLINDE ou FERNAMBOUC, au N. E. de la précédente, avec un bon port, qui la rend la ville la plus commerçante du Brésil. SAN-SALVADOR ou BAHIA, sur la baie de Tous-les-Saints, ancienne capitale du Brésil, grande et très-importante par son commerce. On lui donne 100 mille habitans.

PATAGONIE.

Quels sont la position et les habitans de la PATAGONIE? — La Patagonie est un pays peu connu, qui occupe toute la pointe méridionale de l'Amérique, et qui fut découvert, en 1520, par Magellan, d'où vient qu'on l'appelle quelquefois *Terre Magellanique*. Ses habitans, divisés en plusieurs tribus, sont d'une taille élevée, assez doux, et vivent de leur chasse et de leur pêche.

Quelles sont les îles principales qui avoisinent la Patagonie? — Les principales sont : 1° les MALOUINES ou îles *Falkland*, à l'E. de la Patagonie; elles tirent leur premier nom de quelques habitans de Saint-Malo, qui s'y fixèrent en 1764. Les Espagnols et les Anglais y ont aussi formé depuis quelques établissemens aujourd'hui abandonnés. 2° La TERRE-DE-FEU, séparée du continent par le détroit de Magellan, qui la découvrit en 1520 : elle se compose de plusieurs îles assez rapprochées les unes des autres, et qui forment un archipel de 130 lieues de long sur 80 de large. Le climat en est très-froid et les habitans misérables. 3° La TERRE DES ETATS, à l'E. de la précédente, dont elle est séparée par le détroit de Lemaire, qui la découvrit en 1616. 4° La GÉORGIE, à l'E. de la Terre de Feu, découverte par Cook en 1775; inhabitable à cause du froid, 5° La Terre de Sandwich au S. E., la plus méridionale des terres connues, couverte de glaces éternelles.

OCÉANIE.

*De quoi se compose l'*Océanie*?* — L'Océanie comprend la plus grande partie des îles répandues dans le grand Océan, au S. E. de l'Asie, et dont les principales sont les îles de la *Sonde, Bornéo*, les *Philippines*, *Célèbes*, les *Moluques*, les *îles Timoriennes*, la *Nouvelle-Guinée*, la *Nouvelle-Hollande*, la terre de *Diémen*, la *Nouvelle-Zélande* et la *Polynésie* divisée en *septentrionale* et *méridionale*. Nous allons les décrire successivement.

Où sont situées les îles de la Sonde*, et quelles en sont les principales?* — Les îles de la Sonde, situées au S. O. de la Nouvelle-Hollande, tirent leur nom du détroit de la Sonde qui sépare deux d'entre elles. Elles sont au nombre de trois principales, savoir: *Sumatra*, au S. O. de la presqu'île de Malaca; *Java* au S. E., et *Bornéo* au N. E. des deux précédentes.

Quelles sont les villes remarquables de l'île de Sumatra*?* — L'île de Sumatra, séparée de l'île de Java, au S. E., par le détroit de la Sonde, est coupée par l'équateur, et traversée par une chaîne de montagnes; elle a environ 250 lieues de long sur 70 de large. Cette île renferme plusieurs royaumes, dont les principales villes sont: *Achem*, capitale du royaume du même nom, le plus puissant de tous, et situé dans la partie septentrionale de l'île. Cette ville, qui renferme 8 mille maisons, fait un assez grand commerce d'or et d'épiceries. *Bencoulen*, au S. de l'île, autrefois chef-lieu des possessions des Anglais dans cette île, où ils avaient encore bâti le fort *Marlborough*, et qu'ils viennent de céder aux Hollandais. *Jambi*, sur la côte orientale, ville très-commerçante, capitale du royaume du même nom. *Palembang* au S. E. de Jambi, capitale du royaume du même nom, qui est en quelque sorte sous la tutelle des Hollandais. Vis-à-vis cette ville se trouve l'île de Banca, capitale *Banca*, qui possède des mines d'étain inépuisables.

Quelles sont la population, les divisions et les villes principales de l'île de Java? — Java au S. E. de Sumatra, dont elle est séparée par le détroit de la Sonde, a 250 lieues de longueur sur 40 ou 50 de largeur, et 2 millions d'habitans; elle renferme le royaume de Bantam, à l'O.; les possessions hollandaises, au centre, et le royaume de Mataram, au S. Les villes principales sont : *Bantam*, capitale du royaume du même nom, qui fournit beaucoup de poivre aux Hollandais. *Batavia*, bon port, à l'E. de Bantam; ville très-belle et très-considérable, mais fort mal saine, ancienne capitale du royaume de Jacatra, chef-lieu des possessions hollandaises dans cette île, et même dans toute l'Asie et l'Océanie, et le centre de leur commerce. Sa population, que l'on portait autrefois à 180 mille habitans, paraît réduite aujourd'hui à 50 mille. Chréribon, à l'E. de Batavia, capitale du royaume du même nom, qui est petit, mais très-fertile en riz, en sucre et en café. Samarang, à l'E. de Chréribon, sur la côte septentrionale, mais capitale du pays appelé la *Côte orientale*, qui dépend de la compagnie hollandaise. L'ancien royaume de Mataram, dont le souverain prenait le titre d'*empereur de Java*, est aujourd'hui partagé entre deux princes qui comptent chacun plus de 500 mille sujets, et ont pour capitales *Soura-Carta* et *Djogo-Carta*. On trouve vers le N. E. de Java, l'île de Madura, fertile en riz, et peuplée de 60 mille habitans; et, à l'E., celle de Bali, qui forme un royaume peuplé de 600 mille habitans, avec une capitale du même nom fréquentée par les Chinois.

Quelles sont la position, l'étendue et les villes remarquables de l'île de Bornéo? — Bornéo, située au N. E. des deux précédentes, est la plus grande île connue, après la Nouvelle-Hollande : elle a 266 lieues de long sur 235 de large, et est coupée en deux parties inégales par l'équateur. Cette île immense est peu connue, parce que la férocité des naturels et l'insalubrité de l'air ont toujours empêché les Européens de s'y établir. La compagnie Hollandaise est cependant parvenue, en 1748, à former au S. de l'île un établissement nommé *Benjarmassen*. La capitale, nommée aussi Bornéo, au N. O., est la résidence d'un sultan qui régnait autrefois sur toute l'île; elle renferme 3,000 maisons. Le diamant et le poivre sont les productions les plus précieuses de ce pays.

Où sont situées les Philippines, *à qui appartiennent-elles, et quelles en sont les îles principales ?* — Les PHILIPPINES forment au N., des Moluques un archipel considérable, découvert, en 1521, par Magellan, qui y fut massacré. Les Espagnols, auxquels elles appartiennent, s'y établirent en 1560, et leur donnèrent le nom de leur souverain Philippe II. Elles sont très-fertiles, mais remplies de volcans, qui les bouleversent souvent. Leur population est de 2 millions 525 mille habitans, dont 4 mille blancs ; ils sont doux et bienfaisans. Les principales îles sont : 1° Manille, ou *Luçon*, la plus septentrionale et la plus considérable de toutes, divisée en deux presqu'îles réunies par un isthme étroit; elle produit de l'or, du cuivre, du fer et des bois de construction : la capitale, nommée *Manille*, est très-commerçante et renferme 38 mille habitans, dont 1,200 Espagnols. 2° Mindanao, au S. de la précédente et la seconde des Philippines pour la grandeur et l'importance, est gouvernée par plusieurs princes dont le plus puissant est le sultan de *Minda-*

nao. Les Espagnols ont un établissement à *Sambou-Angan*, au S. O. de l'île.

Quelles sont la position et les villes principales de l'île de Célèbes? — L'île de CÉLÈBES au S. des Philippines, et divisée en plusieurs presqu'îles par des golfes profonds, renferme des mines d'or, et produit du riz, du coton et des bois précieux. L'*upas*, d'où découle un poison terrible, dans lequel les naturels trempent leurs flèches, croît aussi dans ce pays. L'île se divise en plusieurs Etats dont le plus puissant est celui de Macassar, au S. O., avec une capitale du même nom, à l'embouchure d'une grande rivière. Les Hollandais y ont un établissement. Au S. E. se trouve Bonthain, près de laquelle est un fort bâti par les Hollandais, et aujourd'hui occupé par les Anglais. Il y a encore quelques établissemens hollandais, au N. de l'île.

Comment se divisent les Moluques, *et quelles en sont les plus remarquables?* — Les MOLUQUES *propres ou Iles aux Epices*, se divisent en petites, à l'O., au nombre de cinq, qui sont les véritables Moluques, et en grandes à l'E. Les petites sont : Ternate, Makian, Motir, qui obéissent au même sultan, qui possède encore plusieurs îles voisines, et qui peut lever 80 mille hommes. Tidore et Batchian, avec chacune leur sultan, qui ont encore d'autres possessions dans les îles voisines. Tous ces souverains dépendent plus ou moins des Hollandais. Les grandes sont, du N. au S. Gilolo, dont le N. appartient au sultan de Ternate et le S. à celui de Tidore. Ouby, où les Hollandais ont un fort. Ceram, la plus grande après Gilolo. Amboine, couverte de gérofliers, avec une capitale du même nom. C'est après Batavia la possession la plus importante des Hollandais dans l'Océanie. Banda, groupe d'îles, où il ne croît que des muscadiers ; les Anglais s'en sont emparés en 1803.

Où sont situées les îles Timoriennes, *et quelles sont*

les plus remarquables d'entre elles? — Les îles TIMO-RIENNES sont situées au S. des précédentes, les principales sont de l'E. à l'O. : Timor, où les Hollandais et les Portugais ont des établissemens. Ombay ; Solor, où les Hollandais possédaient un fort. Florez, presque aussi grande que Timor, et où les Portugais possèdent un établissement nommé *Larantouka*. Sumbawa ou Bima, divisée en deux royaumes, l'un à l'E., l'autre à l'O.

Quels sont la position, l'étendue et les habitans de la Nouvelle-Guinée ? — La NOUVELLE-GUINÉE ou *Terre des Papous*, au N. de la nouvelle-Hollande, dont elle est séparée par le détroit de Torrès, est longue de 4 à 500 lieues sur 130 de large; les naturels sont noirs et d'un aspect repoussant. Les Européens n'ont aucun établissement dans cette contrée. On y trouve différentes espèces d'oiseaux de paradis.

Quels sont la position, l'étendue et les habitans de la Nouvelle-Hollande? — LA NOUVELLE-HOLLANDE, située au S. E. de l'Asie, a près de mille lieues de long du N. au S., sur environ 800 de large. Elle fut découverte par les Hollandais il y a environ 200 ans, et visitée depuis par plusieurs nations de l'Europe, et particulièrement par les Anglais, qui y ont formé des établissemens, au S. E. De hautes montagnes ont empêché jusqu'ici de pénétrer dans l'intérieur. Les habitans, que l'on y a aperçus, sont dans un état tout-à-fait sauvage. Ce pays jouit d'un climat très-salubre et très-agréable; les saisons y sont opposées à celles de l'Europe.

Quelles sont les villes principales de la colonie anglaise de la Nouvelle-Hollande? — La colonie anglaise, nommée le comté de *Cumberland*, se compose de plusieurs petites villes naissantes, qui ont été peuplées, depuis l'année 1788, des criminels exilés d'Angleterre; en 1810, la population européenne s'élevait déjà à 10 mille habitans, et elle s'est encore accrue

7.

depuis. Les principaux établissemens sont: BOTANY-BAY, où la colonie fut d'abord établie. PORT-JACKSON, au N. de Botany-Bay; excellent port et la principale ville de la colonie, peuplée de 7,410 habitans. SIDNEY-COVE, au N. du port Jackson, siége du gouvernement; et PARAMATTA, à l'O. de Sidney.

Quels sont la position, l'étendue et les établissemens européens de la terre de DIÉMEN? — La terre de DIÉMEN, au S. de la Nouvelle-Hollande, dont elle est séparée par le détroit de Bass, a 75 lieues de long, sur 60 de large; les naturels sont doux et affables. Elle appartient aux Anglais, dont elle est un des établissemens les plus importans, et renferme 6,372 habitans, dont 2,700 dans la capitale, nommée HOBART-TOWN.

Quels sont la position, l'étendue, les habitans et les établissemens européens de la NOUVELLE-ZÉLANDE? — La NOUVELLE-ZÉLANDE, au S. E. de la Nouvelle-Hollande, se compose de deux îles séparées par le détroit de Cook, et égalant à peu près l'Angleterre et l'Écosse en superficie. Leurs habitans sont perfides et anthropophages; au S. et à l'E. se trouvent quelques îles moins considérables; au N. O. est située celle de NORFOLK, où les Anglais ont une colonie nombreuse et très-florissante. Cette île est le grenier des colonies de la Nouvelle-Hollande.

Quels sont les principaux groupes d'îles de la POLYNÉSIE SEPTENTRIONALE? — La POLYNÉSIE SEPTENTRIONALE renferme toutes les îles de l'Océanie situées à l'E. des précédentes, et au N. de l'équateur; elles peuvent se diviser en cinq groupes principaux, savoir: 1° Les îles PELEW, à l'E. des Philippines, habitées par un peuple doux et humain, soumis à un roi. 2° Les îles des LARRONS ou MARIE-ANNE, au N. E. des Philippines, découvertes par Magellan, en 1521; elles sont au nombre de 15, habitées par un peuple fort habile dans la construction des barques. La principale est celle de *Guam*, où les Espagnols possèdent un fort nommé *Agnana*. 3° Les îles Carolines, à l'E. des Pelew, qui paraissent n'être que le commencement de cette chaîne qui s'étend, à l'E., sur une ligne de 7 à 800 lieues, parallèle à l'équateur. Les habitans sont nombreux, et obéissent à un roi qui réside à *Lamurca* : chaque île a, en outre, son chef particulier. 4° Les Mulgraves, jointes aux précédentes, par celles des *Pêcheurs* : elles forment une chaîne de plus de 250 lieues du N. au S., composée d'îles petites et peu connues. 5° Les îles Sandwich, au N. E. des précédentes, au nombre de 14, découvertes, en 1778, par Cook, qui fut tué, en 1779, dans celle d'*Owhyhée*, la principale de ce groupe. Cette île, qui a 150 lieues de circuit, paraît destinée à devenir le foyer de la civilisation dans la Polynésie ; elle est la résidence d'un souverain puissant, dont les vaisseaux vont commercer à la côte N. O. de l'Amérique.

Quels sont les principaux groupes d'îles de la Polynésie méridionale? — La POLYNÉSIE MÉRIDIONALE se compose d'un assez grand nombre de groupes d'îles situées au S. de l'équateur, et dont les principaux sont : 1° Les îles de l'Amirauté, au N. E. de la Nouvelle-Guinée ; elles tirent leur nom de la principale d'entre elles. 2° L'Archipel de la Nouvelle-Bretagne, au N. E. de la Nouvelle-Guinée, composé des îles de la *Nouvelle-Bretagne*, de la *Nouvelle-Irlande* et du *Nouvel Hanovre*. 3° L'archipel de la Louisiade, au S. du précédent, composé d'une chaîne de petites îles très-peuplées. 4° Les îles Salomon, à l'E. des précédentes ; elles paraissent très-fertiles, mais elles sont peu connues. 5° L'Archipel du Saint-Esprit ou des *Nouvelles Hébrides*, au S. E. des précédentes ; les principales sont : celle qui a donné son nom au groupe, et qui a plus de 60 lieues de circuit, et celle de *Mallicolo*. 6°. La Nouvelle-Calédonie, au S. des précédentes : elle a 90 lieues de long sur 20 de large et est peu connue. 7° Les îles Fidgi, à l'E. des précédentes, et dont les habitans passent pour être antrhopophages. 8° Les îles des Amis, au S. E. des Fidgi ; elles tiennent à peu près le premier rang dans la Polynésie, par l'industrie de leurs habitans et par l'ordre politique qui y règne. La principale se nomme *Tongatabou*. 9° Les îles des Navigateurs, au N. E. des Fidgi ; elles furent découvertes par Bougainville, et tirent leur nom de l'adresse avec laquelle leurs habitans conduisent leurs pirogues, qui forment des flottes nombreuses : elles sont très-fertiles et très-peuplées. Les principales sont *Maouna*, où furent massacrés plusieurs des compagnons de La Peyrouse, et *Oyolava*, où ce navigateur vit le plus grand village de toute la Polynésie. 10° Les îles de la Société, au S. E. des précédentes : elles sont célèbres par les nombreuses descriptions que l'on a faites de leur fertilité, de l'industrie et de l'espèce de civilisation de leurs habitans. La principale, nommée *Taïti*, a environ 39 lieues de circuit. Les Anglais y ont envoyé des missionnaires qui ont converti une partie des habitans au christianisme. 11° Les îles Roggewein, au N. E. des précédentes. 12° L'archipel Dangereux, à l'E. Il forme une chaîne terminée par l'île de *Pâques*, celle de toute la Polynésie qui se rapproche le plus de la côte du Chili. 13° Les Marquises, au N. de l'archipel Dangereux ; leurs habitans l'emportent sur tous ceux de la Polynésie par la belle proportion de leurs formes et la régularité de leurs traits.

FIN DE LA GÉOGRAPHIE MODERNE.

TABLEAU

DES DÉPARTEMENS DE LA FRANCE,

Comparés aux anciens gouvernemens, avec leurs chefs-lieux de préfecture et de sous-préfecture, la population des départemens et celle de leurs chefs-lieux.

PARTIE DU NORD,

Comprenant 8 anciens gouvernemens et 23 départemens.

FLANDRE FRANÇAISE.

DÉPARTEMENS, avec leur population.	CHEFS-LIEUX, avec leur population.	SOUS-PRÉFECTURES.
Nord. 904,463.	Lille. * 59,724.	Dunkerque. Cassel. Douai. Valenciennes. Cambrai. Avesne.

ARTOIS ET BOULONNAIS.

Pas-de-Calais. 626,184.	Arras. * 18,872.	Boulogne. Montreuil. St.-Omer. St.-Pol. Béthune.

PICARDIE.

Somme. 508,910.	Amiens. * 39,344.	Abbeville. Doulens. Montdidier. Péronne.

NORMANDIE.

DÉPARTEMENS, avec leur population.	CHEFS-LIEUX, avec leur population.	SOUS-PRÉFECTURES.
Seine-Inférieure. 655,804.	Rouen. * 81,098.	Dieppe. Neufchâtel. Le Hâvre. Yvetot.
Eure. 421,481.	Évreux. 9,238.	Pont-Audemer. Bernay. Les Andelys. Louviers.
Manche. 591,196.	Saint-Lô. 7,387.	Cherbourg. Valogne. Coutances. Avranches. Mortain.
Calvados. 492,613.	Caen. 35,638.	Bayeux. Falaise. Pont-l'Évêque. Lisieux.
Orne. 422,884.	Alençon. 13,234.	Domfront. Argentan. Mortagne.

ILE-DE-FRANCE.

Oise. 375,817.	Beauvais. 12,791.	Clermont. Compiègne. Senlis.
Aisne. 459,666.	Laon. 6,824.	St.-Quentin. Vervins. Château-Thierry. Soissons.
Seine-et-Oise. 424,490.	Versailles. 26,037.	Pontoise. Mantes. Rambouillet. Étampes. Corbeil.
Seine. 821,706.	Paris. * 713,765.	St.-Denis. Sceaux.
Seine-et-Marne. 303,150.	Melun. 6,680.	Meaux. Coulommiers. Provins. Fontainebleau.

CHAMPAGNE.

DÉPARTEMENS, avec leur population.	CHEFS-LIEUX, avec leur population.	SOUS-PRÉFECTURES.
Ardennes. 266,985.	Mézières. 3,500.	Rocroy. Sédan. Rhetel. Vouziers.
Marne. 309,444.	Châlons. 10,784.	Reims. Epernay. Ste.-Menehould. Vitry.
Aube. 230,688.	Troyes. * 26,702.	Nogent. Arcis-sur-Aube. Bar-sur-Seine. Bar-sur-Aube.
Haute-Marne. 233,258.	Chaumont. 5,872.	Vassy. Langres.

LORRAINE.

Meuse. 292,385.	Bar-le-Duc. 9,803.	Montmédy. Verdun. Commercy.
Moselle. 376,428.	Metz. 41,035.	Thionville. Bricy. Sarreguemines.
Meurthe. 379,985.	Nancy. * 29,628.	Toul. Château-Salins. Lunéville. Sarrebourg.
Vosges. 357,727.	Épinal. 7,520.	Neufchâteau. Mirecourt. St.-Dié. Remiremont.

ALSACE.

Bas-Rhin. 499,990.	Strasbourg. * 49,902.	Weissembourg. Saverne. Schelestadt.
Haut-Rhin. 370,062.	Colmar. 14,115.	Béfort. Altkirk.

PARTIE DU MILIEU,

Comprenant 17 anciens gouvernemens, et 35 départemens.

BRETAGNE.

DÉPARTEMENS, avec leur population.	CHEFS-LIEUX, avec leur population.	SOUS-PRÉFECTURES.
Finistère. 483,095.	Quimper. 6,639.	Brest. Morlaix. Château-Lin. Quimperlé.
Côtes-du-Nord. 552,414.	St.-Brieux. 6,251.	Lannion. Guingamp. Loudéac. Dinan.
Morbihan. 416,224.	Vannes. 10,605.	Pontivy. Lorient. Ploërmel.
Ille-et-Villaine. 533,207.	Rennes. * 28,601.	St.-Malo. Fougère. Montfort. Vitré. Redon.
Loire-Inférieure. 432,638.	Nantes. 75,128.	Château-Briant. Savenay. Ancenis.

MAINE.

Mayenne. 343,819.	Laval. 15,008.	Mayenne. Château-Gonthier.
Sarthe. 428,432.	Le Mans. * 18,533.	Mamers. La Flèche. St.-Calais.

ANJOU.

Maine-et-Loire. 442,788.	Angers. * 28 927.	Segré. Beaupréau. Baugé. Saumur.

POITOU.

DÉPARTEMENS, avec leur population.	CHEFS-LIEUX, avec leur population.	SOUS-PRÉFECTURES.
Vendée. 316,587.	Bourbon-Vendée. 2,950.	Sables-d'Olonne. Fontenay-le-Comte.
Deux-Sèvres. 279,845.	Niort. 14,516.	Bressuire. Parthenay. Melle.
Vienne. 260,697.	Poitiers. * 21,124.	Loudun. Chatellerault. Civray. Montmorillon.

AUNIS, SAINTONGE ET ANGOUMOIS.

Charente-Inférieure. 409,466.	La Rochelle. * 18,348.	Rochefort. St.-Jean-d'Angély. Marennes. Saintes. * Jonzac.
Charente. 347,551.	Angoulême. * 14,744.	Ruffec. Confolens. Cognac. Barbezieux.

TOURAINE.

Indre-et-Loire. 282,372.	Tours. * 21,196.	Chinon. Loches.

ORLÉANAIS.

Eure-et-Loir. 264,478.	Chartres. 13,009.	Dreux. Nogent-le-Rotrou. Châteaudun.
Loir-et-Cher. 227,527.	Blois. 13,054.	Vendôme. Romorantin.
Loiret. 291,394.	Orléans. * 41,948.	Pithiviers. Gien. Montargis.

BERRY.

Indre. 230,373.	Châteauroux. 8,423.	Leblanc. Issoudun. La Châtre.
Cher. 239,561.	Bourges. * 16,352.	Sancerre. St.-Amand.

LIMOSIN.

DÉPARTEMENS, avec leur population.	CHEFS-LIEUX, avec leur population.	SOUS-PRÉFECTURES.
Haute-Vienne. 272,330.	Limoges. * 21,025.	Rochechouart. Bellac. St.-Yrieix.
Corrèze. 273,418.	Tulle. 9,051.	Brives. Ussal.

MARCHE.

Creuse. 248,785.	Guéret. * 3,358.	Bourganeuf. Boussac. Aubusson.

NIVERNAIS.

Nièvre. 232,263.	Nevers. * 11,878.	Cosne. Clamecy. Château-Chinon.

BOURBONNAIS.

Allier. 280,025.	Moulins. * 13,813.	Montluçon. Gannat. La Palice.

AUVERGNE.

Puy-de-Dôme. 553,410.	Clermont. * 30,379.	Riom. Issoire. Thiers. Ambert.
Cantal. 252,100.	Aurillac. 10,332.	Mauriac. Murat. St.-Flour.

BOURGOGNE.

Yonne. 342,905.	Auxerre. 11,295.	Sens. Joigny. Tonnerre. Avallon.
Côte-d'Or. 358,148.	Dijon. * 21,612.	Semur. Châtillon-sur-Seine. Beaune.

DÉPARTEMENS, avec leur population.	CHEFS-LIEUX, avec leur population.	SOUS-PRÉFECTURES.
Saône-et-Loire. 498,057.	Mâcon. 10,438.	Autun. Charolles. Châlons-sur-Saône. Louhans.
Ain. 328,838.	Bourg. 7,303.	Trévoux. Nantua. Belley. Gex.

FRANCHE-COMTÉ.

Haute-Saône. 308,171.	Vesoul. 5,448.	Gray. Lure.
Doubs. 242,663.	Besançon. * 28,172.	Baume. Montbéliard. Pontarlier.
Jura. 301,768.	Lons le Saulnier. 7,074.	Dôle. Poligny. St.-Claude.

LYONNAIS.

Loire. 343,554.	Montbrison. 5,218.	Roanne. St.-Étienne.
Rhône. 391,590.	Lyon. * 115,000.	Villefranche.

PARTIE DU SUD,

Comprenant 7 anciens gouvernemens, et 28 départemens.

GUYENNE ET GASCOGNE.

Gironde. 552,244.	Bordeaux. * 92,374.	Lesparre. Blaye. Libourne. La Réole. Bazas.
Landes. 240,146.	Mont-de-Marsan. 4,514.	Dax. St.-Séver.

DÉPARTEMENS, avec leur population.	CHEFS-LIEUX, avec leur population.	SOUS-PRÉFECTURES.
Dordogne. 453,136.	Périgueux. 6,113.	Riberac. Bergerac. Nontron. Sarlat.
Lot-et-Garonne. 330,121.	Agen. 10,834.	Marmande. Nérac. Villeneuve.
Gers. 301,336.	Auch. 8,789.	Condom. Lectoure. Mirande. Lombez.
Hautes-Pyrénées. 212,077.	Tarbes. 7,849.	Argellez. Bagnéres.
Lot. 275,296.	Cahors. 11,036.	Gourdon. Figeac.
Tarn-et-Garonne. 238,143.	Montauban. 24,591.	Moissac. Castel-Sarrasin.
Aveyron. 339,422.	Rhodez. 6,445.	Villefranche. Espalion. St.-Afrique. Milhaud.

BÉARN.

Basses-Pyrénées. 399,474.	Pau. * 21,000.	Bayonne. Mauléon. Orthès. Oléon.

COMTÉ DE FOIX ET ROUSSILLON.

Arriége. 234,878.	Foix. * 3,904.	St.-Girons. Pamiers.
Pyrénées-Orientales. 143,054.	Perpignan. * 12,301.	Prades. Céret.

LANGUEDOC.

Haute-Garonne. 368,551.	Toulouse. * 48,170.	St.-Gaudens. Muret. Villefranche.
Tarn. 313,713.	Alby. 9,863.	Gaillac. Lavaux. Castres.

TABLEAU DE LA FRANCE. 165

DÉPARTEMENS, avec leur population.	CHEFS-LIEUX, avec leur population.	SOUS-PRÉFECTURES.
Aude. 252,876.	Carcassonne. 15,178.	Castelnaudary. Limoux. Narbonne.
Hérault. 324,126.	Montpellier. 32,814.	St.-Pons. Lodève. Béziers.
Gard. 334,164.	Nîmes. 38,955.	Le Vigan. Alais. Uzès.
Lozère. 133,924.	Mende. 5,752.	Marvejols. Florac.
Haute-Loire. 276,830.	Le Puy. 12,069.	Brioude. Issengeaux.
Ardèche. 303,507.	Privas. 3,013.	Largentière. Tournon.

DAUPHINÉ.

Isère. 505,585.	Grenoble. * 21,305.	Vienne. La Tour-du-Pin. St-Marcellin.
Drôme. 273,511.	Valence. 8,057.	Montélimart. Nions. Die.
Hautes-Alpes. 121,418.	Gap. 8,598.	Briançon. Embrun.

COMTAT VENAISSIN ET PROVENCE.

Vaucluse. 224,431.	Avignon. * 23,211.	Orange. Carpentras. Apt.
Bouches-du-Rhône. 313,614.	Marseille. 102,217.	Arles. Aix. *
Basses-Alpes. 149,310.	Digne. 3,421.	Forcalquier. Sisteron. Barcelonnette. Castellane.
Var. 305,096.	Draguignan. 7,862.	Toulon. Brignolles. Grasse.

TABLEAU DE LA CONFÉDÉRATION SUISSE,
CORSE.

Corse.   Ajaccio.   Calvi.
  180,348.   6,845.   Bastia. *
                               Corté.
                               Sartine.

Les villes marquées d'un astérisque sont les capitales des anciennes provinces.

NOMS
DES VINGT-DEUX CANTONS

Composant la Confédération Suisse, avec leurs capitales et leur population.

CANTONS.	CAPITALES.	POPULATION.
Bâle.	Bâle.	42,193.
Soleure.	Soleure.	43,610.
Berne.	Berne.	232,508.
Fribourg.	Fribourg.	89,610.
Lucerne.	Lucerne.	110,000.
Zurich.	Zurich.	182,123.
Argovie.	Arau.	134,444.
Schaffouse.	Schaffouse.	27,590.
Thurgovie.	Frawenfeld.	74,000.
Appenzel.	Appenzel.	55,000.
St.-Gall.	St.-Gall.	162,000.
Schwitz.	Schwitz.	31,400.
Zug.	Zug.	14,735.
Underwald.	Stanz.	21,200.
Uri.	Altorf.	17,500.
Glaris.	Glaris.	19,280.
Grisons.	Coire.	74,000.
Tésin.	Bellinzone.	161,000.
Valais.	Sion.	120,000.
Genève.	Genève.	215,844.
Vaud.	Lausanne.	145,215.
Neufchâtel.	Neufchâtel.	47,000.

Les six premiers cantons sont alternativement directoriaux.

ÉTATS

Qui composent la Confédération Germanique, avec le nombre de votes qu'a chacun d'eux à la diète générale, et leur population.

ÉTATS.	VOTES.	POPULATION.
États Prussiens.	4.	7,923,439.
Saxe (Royaume).	4.	1,200,000.
Hanovre.	4.	1,305,251.
Hesse-Cassel.	3.	538,072.
Holstein.	3.	3,350,970.
Luxembourg.	3.	410.000.
Brunswick-Wolfenbutel.	2.	209,527.
Nassau.	2.	302,769.
Mecklembourg-Schwerin.	2.	357,308.
———— Strelitz.	1.	71,769.
Saxe-Weimar.	1.	201,450.
— Gotha.	1.	183,682.
— Cobourg.	1.	79,336.
— Meinungen.	1.	56,269.
— Hildburghausen.	1.	29,706.
Anhalt-Dessau.	1.	53,013.
— Bernbourg.	1.	35,190.
— Kœthen.	1.	30,640.
Waldeck.	1.	48,000.
Schwartzbourg-Sondershausen.	1.	45,117.
— Rudolstadt.	1.	53,937.
Reuss-Greitz.	1.	19,850.
— Lobenstein.	1.	52,205.
Lippe-Schaumbourg.	1.	23,684.
— Detmold.	1.	66,347.
Lubeck.	1.	40,643.
Hambourg.	1.	125,643.
Brême.	1.	48,432.
Francfort.	1.	48,000.
États Autrichiens.	4.	9,482,227.
Bavière.	4.	3,560,000.

ÉTATS.	VOTES	POPULATION.
Wurtemberg.	4.	1,395,462.
Bade.	3.	1,003,000.
Hesse-Darmstadt.	3.	619,480.
Hohenzollern-Hechingen.	1.	14,820.
— Sigmaringen.	1.	38,490.
Lichtenstein.	1.	5,000.
TOTAL.		30,029,528.

NOMS

DES VINGT-QUATRE PROVINCES

Qui composent les États-Unis de l'Amérique Septentrionale, avec leurs capitales et leur population.

ÉTATS.	CAPITALES.	POPULATION EN 1820.
Le Maine.	Portland.	298,335.
New-Hampshire.	Concord.	244,161.
Vermont.	Montpellier.	235,764.
Massachussets.	Boston.	523,287.
Rhode-Island.	Providence.	83,059.
Connecticut.	Hartford.	275,248.
New-York.	Albany.	1,372,812.
New-Jersey.	Trenton.	277,575.
Pensylvanie.	Harrisbourg.	1,049,458.
Delaware.	Douvres.	72,749.
Maryland.	Annapolis.	407,350.
Virginie.	Richmond.	1,065,366.
Caroline-du-Nord.	Raleigh.	638,829.
Caroline-du-Sud.	Columbia.	502,741.
Géorgie.	Milledgeville.	340,989.
Ohio.	Columbus.	581,434.
Indiana.	Indianapolis.	147,178.
Illinois.	Kaskaskia.	55,211.

TABLEAU DES ÉTATS-UNIS.

ÉTATS.	CAPITALES.	POPULATION EN 1820.
Kentuchy.	Frankfort	564,317.
Tenessée.	Murfreeshburg.	422,813.
Alabama.	Cahawba.	127,901.
Mississipi.	Monticello.	75,448.
Missouri.	Jefferson.	66,586.
Louisiane.	Nouvelle-Orleans.	153,407.

Territoires non reconnus comme États.

District de Columbia.	Washington.	33,039.
Michigan.	Détroit.	8,896.
Arkansas.	Arkopolis.	14,273.
Territ. du Nord-Ouest.		Inconnue.
Florides.	St.-Augustin.	10,000.

TOTAL . . . 9,646,226.

TABLE DES MATIÈRES.

	Pages
Définitions.	1
En combien de parties on divise le monde.	6
Principales mers du globe.	ib.
EUROPE. — Bornes, étendue, population, divisions, golfes, détroits, lacs, presqu'îles, caps, montagnes, volcans et fleuves principaux.	11
Iles Britanniques.	17
Danemark.	21
Suède.	22
Russie d'Europe.	24
Nouveau royaume de Pologne.	27
France.	28
Pays-Bas.	52
Suisse.	54
Confédération Germanique.	55
Prusse.	62
Autriche.	64
Espagne.	68
Portugal.	71
Italie.	72
Sardaigne.	ib.
Royaume Lombard-Vénitien.	74
Parme, Plaisance et Guastalla.	75
Modène.	76
Lucques et Massa-Carrara.	ib.
Toscane.	77
États de l'Église.	ib.
Deux-Siciles.	79
Malte.	81
Turquie d'Europe.	ib.

TABLE DES MATIÈRES

	Pages
Iles Ioniennes.	85
ASIE. — Bornes, population, divisions, etc.	86
Sibérie.	88
Turquie d'Asie.	90
Arabie.	94
Perse.	96
Tatarie indépendante.	97
Caboul.	98
Béloutchistan.	99
Indoustan.	100
Inde au-delà du Gange.	104
Empire chinois.	107
Pays regardés comme tributaires de la Chine.	109
Japon.	110
AFRIQUE. — Forme, étendue, bornes, etc.	112
Égypte.	114
Nubie.	116
Abyssinie.	ib.
Côte de Barbarie.	117
Régence de Tripoli.	118
Régence de Tunis.	ib.
Régence d'Alger.	119
Empire de Maroc.	ib.
Désert de Sahara.	120
Sénégambie.	121
Guinée.	122
Congo.	123
Nigritie.	ib.
Cafrerie.	124
Colonie du Cap.	ib.
Monomotapa.	ib.
Côte de Mozambique.	125
Côte de Zanguebar.	ib.
Côte d'Ajan.	126
Iles qui dépendent de l'Afrique.	ib.

TABLE DES MATIÈRES.

	Pages
AMÉRIQUE.	129
AMÉRIQUE SEPTENTRIONALE. — Bornes, etc.	ib.
Groënland.	131
Nouvelle-Bretagne.	132
Côte du Nord-Ouest.	134
États-Unis.	135
Possessions espagnoles.	136
Antilles.	138
AMÉRIQUE MÉRIDIONALE. — Bornes, etc.	141
Possessions espagnoles.	143
Guyane.	146
Brésil.	147
Patagonie.	148
Iles qui en sont voisines.	ib.
OCÉANIE. — Iles dont elle se compose.	149
Iles de la Sonde.	ib.
Philippines.	150
Célèbes.	152
Moluques.	ib.
Nouvelle-Guinée.	153
Nouvelle-Hollande.	ib.
Terre de Diémen.	154
Nouvelle-Zélande.	ib.
Polynésie septentrionale.	ib.
—— méridionale.	155
Tableau de la France, divisée par anciennes provinces et par départemens.	157
Tableau des cantons suisses.	166
—— de la Confédération Germanique.	167
—— des États-Unis d'Amérique.	168

FIN DE LA TABLE DES MATIÈRES.

licences qu'on y remarque. A côté de l'énumération de [ce]s minces possessions on ne dit pas un mot de la seule [co]lonie qu'il eût été important à la France de retrouver; [el]le n'est pas même mentionnée comme l'Inde *pour mémoire*, je veux parler de l'île de Saint-Domingue, dont [le] revenu net, après avoir fourni à la consommation de [la] France, était de plus de 80 millions par an, et qui, en[co]re aujourd'hui, dans son abandon, est plus profitable [à n]otre commerce que les colonies qui nous coûtent si [che]r. Une singulière indifférence semble avoir eu lieu à [cet] égard de la part de tout les Ministres de la marine qui [se s]ont succédés, à l'exception toutefois de M. le comte [Mo]lé, qui a été trop peu de temps en place pour avoir [pu] s'en occuper. Cette question intéresse cependant la [Fra]nce, les colons et les habitans actuels de Saint-Domingue; tous doivent enfin savoir à quoi s'en tenir sur [leur] position. Après avoir long-temps gardé les ména[gem]ens qu'on leur demandait, les colons ne peuvent [plu]s croire aux espérances mystérieuses qu'on leur [don]ne, d'autant plus qu'en abordant franchement la ques[tio]n, on voit qu'elle n'est pas aussi compliquée qu'on [le p]ense. Il s'agit de savoir, si on doit chercher à sou[met]tre cette colonie, ou s'il est préférable de transiger [ave]c ceux qui la possède; car un blocus serait impossible [vu] l'étendue des côtes et les traités avec l'Angleterre. [Les] colons les plus nombreux désirent la conquête; et, [quoi]que je ne partage pas leur opinion, j'avoue cepen[dan]t que leurs raisons sont assez spécieuses; ils vous [dis]ent: vous avez soixante vaisseaux de ligne qui pour[riss]ent dans vos ports, vous avez deux cent mille hommes [qui] voyagent d'un bout de la France à l'autre, vous avez [des] millions pour entretenir tout cela, sans beaucoup

pitau
somme
coffres de
cédant dans les

www.ingramcontent.com/pod-product-compliance
Lightning Source LLC
Chambersburg PA
CBHW070659100426
42735CB00039B/2333